中国零售业外商直接投资技术溢出效应及影响因素研究

梁 云 著

中国财经出版传媒集团

经济科学出版社

Economic Science Press

图书在版编目（CIP）数据

中国零售业外商直接投资技术溢出效应及影响因素研究 /
梁云著 . —北京：经济科学出版社，2016. 5
ISBN 978 - 7 - 5141 - 6933 - 1

Ⅰ. ①中…　Ⅱ. ①梁…　Ⅲ. ①零售业 - 外商直接投资 -
研究 - 中国　Ⅳ. ①F724. 2

中国版本图书馆 CIP 数据核字（2016）第 104815 号

责任编辑：凌　敏　程辛宁
责任校对：隗立娜
责任印制：李　鹏

中国零售业外商直接投资技术溢出效应及影响因素研究
梁　云　著
经济科学出版社出版、发行　新华书店经销
社址：北京市海淀区阜成路甲 28 号　邮编：100142
教材分社电话：010 - 88191343　发行部电话：010 - 88191522
网址：www. esp. com. cn
电子邮件：lingmin@ esp. com. cn
天猫网店：经济科学出版社旗舰店
网址：http: //jjkxcbs. tmall. com
北京财经印刷厂印装
710×1000　16 开　11. 5 印张　200000 字
2016 年 6 月第 1 版　2016 年 6 月第 1 次印刷
ISBN 978 - 7 - 5141 - 6933 - 1　定价：35. 00 元
（图书出现印装问题，本社负责调换。电话：010 - 88191510）
（版权所有　侵权必究　举报电话：010 - 88191586
电子邮箱：dbts@ esp. com. cn）

前　　言

　　零售业是连接生产与消费的终端产业，在一国经济格局中占据十分重要的地位。2004 年我国零售业结束 WTO 保护期并迎来全面开放，许多跨国零售巨头纷纷瞄准国内巨大的零售消费潜力，大举进入国内零售市场，从业态模式、经营方式、服务理念、零售技术等多个方面对我国本土零售企业产生了显著影响。零售业的发展不仅与普通民众的生活息息相关，更事关我国宏观经济的可持续发展，因而系统而具体地分析外商直接投资对我国本土零售业技术进步和竞争能力提升的影响是十分必要的。

　　近些年随着服务业在一些西方国家经济中的地位不断提高，服务经济受到关注，其中一个重要的研究方向就是服务业领域外商直接投资技术溢出效应的存在性、作用机制以及影响因素，并且大多数研究都是针对服务业整体展开的。而随着理论的推进、研究方法的创新以及数据可获得性的提升，在充分考虑服务业内部各子行业自身发展特点的前提下，更为具体地考察外商直接投资对服务业细分行业生产率的影响，是近年来相关研究领域的一个重要趋势。正是在这一研究背景下，本书选择以我国零售业外商直接投资技术溢出效应为研究议题，系统、深入地探究外商直接投资对我国零售业全要素生产率增长的影响、作用机制以及影响二者关系的因素，是对该研究领域的一个有益补充。

　　与已有研究的区别，本书的理论价值主要体现在以下三个方面：首先研究对象更加具体。有关服务业外商直接投资技术溢出效应的研究开展的较少，而一些典型文献也是从服务业整体的角度切入，并未对服务业做进一步的细分。本书以我国零售业为研究对象，能够对一些问题进行更为深入的考察。其次是研究内容更为丰富。为获得更为严谨的结论，本书将内外资零售业进行清晰的区分，克服了传统研究中因为无法区分零售业性质而导致结论偏误的不足；同时也充分考虑了短期和长期不同考察期内，外商直接投资对我国零售业全要素生产率的不同影响，并通过实证方法将这种差异体现出来；此外，本书还从外商直接投资来源、技术差距、行业特征以及技术吸收能力方面，系统考察了影响我国零售业外商直接投资技术溢出效应的因素。最后是研究方法更为合理。一是在综合比较的基础上，选择 MI 指数法来测算我国本土零售业的全要素生产率；二是采用基于面板数据的格兰杰因果关系检验法和协整分析法考察外商直接投资与我国本土零售业 TFP 关系的方向以及短期动态、长期均衡关系；三是在回归分析时采用工具变量法，有效克服可能存在的内生性问题。

在认真归纳、总结已有研究的基础上，本书结合垄断优势理论、内部化理论、国际生产折衷理论等与跨国投资相关的理论，在充分考虑服务业特征的基础上，构建了本书的理论分析框架，并提出了理论假说。

实证部分是严格围绕理论假说展开的。本书首先使用基于 DEA 投入方法的 MI 生产率指数法测算了我国零售业在 2006～2011 年的全要素生产率，并将其进一步分解为技术效率和技术进步等指标，探讨了我国零售业全要素生产率的变化趋势及其原因。在考察期内，我国本土零售业全要素生产率总体表现出增长的态势，并且这种增长主要是由技术进步推动着，效率的缺乏很大程度上制约了零售业生产率的快速提升，我国本土零售业发展的粗放型特征较为明显。利用 2006～2011 年本土零售业全要素生产率数据与零售业外商直接投资数据，采用基于面板数据的协整分析法，结合格兰杰因果关系检验和脉冲响应函数分析，来考察外商直接投资规模和市场参与度与我国本土零售业全要素生产率的关系。结果表明：无论是在长期还是短期，外商直接投资规模和市场参与度都是本土零售业生产率提升的格兰杰因；外商直接投资规模和市场参与度均与本土零售业生产率提升之间存在长期均衡关系，有所区别的是，外商直接投资规模的扩大有助于我国零售业生产率的增长，而外商直接投资市场参与度的提升却对技术溢出效应产生抑制作用。在考察外商直接投资技术溢出效应的影响因素时，利用调节效应理论，将外商直接投资来源技术差距、吸收能力以及行业特征等因素设定为调节变量进行回归分析。

　　在理论分析和实证研究的基础上，本书就中国零售业的发展以及如何更好地吸收外资的技术溢出效应提出相应的政策建议，主要有：第一，侧重零售业转型发展的引导，努力实现中国零售业全要素生产率增长的双轮驱动（技术进步和技术效率并重），创造中国零售业发展的良好环境，实现零售业的市场化和市场的制度化，包括市场在内的竞争秩序，市场外在的社会环境秩序和市场经济要求相一致的道德秩序，在科学范围内积极提供指导、调控，推动我国本土零售业加速发展。第二，零售业应长期继续合理引进外资，重视技术溢出效应。零售业吸收外商直接投资需要注重效益和质量，强调引资、引技和引智结合，进一步强化利用外资的广度和深度。第三，加强零售业外资分类监管和提升内资能力并重。重视零售业引资来源地影响，引导不同来源地外资有序进入、有度投资，采取鼓励先进技术、允许适宜技术的外资鼓励政策。从正确认识技术差距、培养零售业自主创新意识，提高零售业资金利用率、合理安排资金使用，营造有效竞争性市场环境、培育企业竞争力，重视人力资本、加大对人力资本投入四个方面提升本土零售业的能力，以至更好利用外资的技术溢出效应。

梁云

2016 年 5 月

目　　录

第1章 导　　论

1.1　选题背景与研究意义

1.1.1　选题背景

2012 年 7 月 5 日，日内瓦—联合国贸易和发展组织（UNCTAD）《2012 年世界投资报告》中指出，2011 年流入东亚和东南亚次区域的外商直接投资（FDI）再创历史新高。中国等主要东道国的外商直接投资流入量刷新了历史纪录。中国 2011 年吸引的外商直接投资再创历史新高，达到 1240 亿美元。在中国流入的外商直接投资中，流入非金融领域的外商直接投资增加，流入制造业的外商直接投资减缓了增长步伐，流入服务业的外商直接投资首次超过了制造业。2012 年，中国商务部在例会上宣布中国服务业实际使用外资金额及增幅均超过制造业，制造业实际使用外资 521.01 亿美元，同比增长 5.06%，占同期全国总量的 44.91%，相比较之下服务业实际使用外资 552.43 亿美元，增长 20.54%，占同期总量 47.62%，第一次超过制造业占的比重。其中，零售业实际利用外资增幅同比均超过 60%。这是一个显著的变化。随着服务业在国民经济中的地位逐步增强，服务业投资环境不断完善，中国吸收服务业外商直接投资的长期优势正在形成。

全球经济一体化加强和市场竞争日益加剧的环境下，国际零售业资本的跨国流动也呈现出日益加速的趋势。截至 2011 年年底，沃尔玛已进入在美洲、亚洲和欧洲等大洲在内的 16 个国家，零售额高达 4100 亿美元；家乐福的触角也伸至世界范围内的 33 个国家。越来越多的零售企业意识到国际化带来的巨大利益和潜在价值，纷纷采取国际化之路。另外，大多跨国零售企业母国市场却相对饱和，零售商在母国的发展空间和机会越来越小的情况下，零售商也被迫采取国际化之路。因此，零售业跨国公司的国际化之路成为必然的发展趋势。

目前，中国市场稳定，良好的政治经济环境和巨大的消费潜力，使其已经成为国际零售商瞩目的焦点。自 1992 年中国零售领域对外开放以来，越来越多的海外零售商选择中国作为其海外扩张的理想之地。2004 年 12 月 11 日，中国零售市场全面对外开放，外资企业以更快的速度进入中国市场。众多外资零售企业在我国加速其经营的步伐。截至 2011 年，沃尔玛中国内地门店总计 267 家，稳居外资零售企业榜首。家乐福紧随其后，新开设 29 家门店，总计 203 家。大润发以新增门店 42 家、总门店 185 家的数量屈居第三位。乐购不甘落后，在内地新开 16 家门店，门店总数达到 103 家。麦德龙和欧尚也分别新增 6 家和 5 家门店，网点分别达到 54 家和 45 家，在华外资零售排行榜上分列第五位、第六位。

在外资零售企业正展开全面战略攻势之时，相比较，中国本土零售业发展与外资零售业竞争实力上仍然存在差距。外资零售巨头在中国经过二十多年的发展，基本上已经成长为全国性连锁公司，本土零售业除家电连锁外一般都是区域性或有限区域性发展的连锁公司，与拥有全国的采购网络及分销系统的外资零售业相比本土的区域性零售企业在当地市场的精耕细作，难以做大做强。如何吸收消化和创新外资进入带来的先进信息技术和科学的管理方式，中国零售业如何与外资零售业竞争，构建中国民族零售商业竞争力，以及零售业外资进入对中国本土零售企业竞争能力以及零售行业生产率的影响已经成为学术领域探讨的热点。

1.1.2 研究意义

1.1.2.1 理论价值

总的来说，本书的理论价值可归结为以下三个方面：第一，本书在服务业外商直接投资技术溢出效应的框架下就外商直接投资对我国本土零售业生产率的影响展开系统分析，能够在一定程度上填补我国零售业外资进入研究的缺口，是对相关研究领域的一种有益补充。国内许多学者基于流通产业在经济增长、产业协调、内需启动、民生保障等方面的重要作用（王晓东，2012，2010；黄国雄，2013；马龙龙，2011；宋则，2010，2011；中国社会科学院财经战略研究院课题组，2012），建议把流通产业定位于基础性产业、先导性产业或战略性产业（黄国雄，2005）。然而，在外资进入商业竞争日益加剧的新时期，这一重要的、关系到国计民生的产业正面临潜在的安全威胁，这是大多数学者所关注的焦点（宋则，2012；黄国雄等，2012；纪宝成等，2012；纪宝成和李陈华，2012；纪宝成，2009；纪宝成，2006；纪宝成和刘元春，2006）。然而，外资的大举进入对当前市场化程度仍然不高、生产效率相对低下、商务服务发展较为落后、整体服务质量较差的中国流通业而言，引进外资学习其先进技术、市场策略和管理经验来获取外商直接投资的技术溢出，无疑是一个绝佳的机会,借此提高中国流通业的技术效率和技术进步,目的是"洋为中用","师夷长技以制夷"。但是从已有研究来看,专门针对零售业外商直接投资技术溢出效应进行系统性研究的文献较少。

第二,本书能够丰富服务业或零售业全要素生产率增长领域的研究。零售业是对外资开放最早并最为彻底的行业(黄国雄,2012)。那么现阶段,作为衡量技术进步的指标之一,中国零售业全要素生产率发生了什么变化?目前学者们针对中国服务业全要素生产率的研究都局限于整体服务业(唐宜红,2012),并没有细分至各个行业,也就不能很好的辨识传统服务业、现代服务业不同的增长路径(凌继全,2012),也无法对一些更深层次的问题展开研究。而 Baumol(1967)、Pissavides(2007)提出的"生产率增长率异质性"就为本书选择研究特定的某一行业提供理论基础。那么,外商直接投资是否能够对我国本土零售业的技术进步产生影响?如果存在,那么这种在零售业的外商直接投资技术溢出效应所产生的作用路径或机制是什么?影响零售业外商直接投资技术溢出效应的因素有哪些?对这些问题的回答无疑对零售业更加广泛的、更有针对性的引进外资,并从其技术溢出中获得更大的收益,进而提高我国流通业的技术水平和产业竞争力具有重大的理论和现实意义。

第三,本书试图把技术溢出的机制理论应用到零售业中,从理论层面探索外资影响我国本土零售业技术进步的机制或路径。已有相关文献大多都是关注服务业或零售业是否存在外商直接投资的技术溢出效应(汪旭晖,2011;黄漫宇,2013),但是本书认为更深入的探讨外商直接投资溢出效应产生的机理更具研究价值,因为对外商直接投资政策的争论不在于是否存在溢出,而是怎样最大化外商直接投资溢出效应以及制定相应的规制政策。所以,本书试图从外商直接投资溢出效应影响因素着手,研究中国零售业如何最大化外商直接投资的收益。

1.1.2.2 实践意义

本书主要有三方面的实践意义:第一,对中国外资进入零售产业政策的制定提供有益的视角。WTO 框架下国际经济一体化的发展,推动了全球范围内零售产业竞争的白热化,各国都在完善自己的零售产业竞争战略。而竞争的基础是效率,效率的基础又来自于技术,如何快速、均衡的提升本国零售产业的技术水平已成为中国零售产业能否经受竞争考验并赢得未来市场竞争的核心一环。《商务部关于 2013 年全国吸收外商直接投资工作的指导意见》里明确指出要强化外商投资作为引进技术和智力的主要载体作用,那么零售业如何更好利用外资促进技术进步值得政策制定者思考。本书对零售业引进外资的政策制定有重要的借鉴和指导意义。

第二,为中国零售业在激烈竞争中获得技术进步提供路径指引。随着知识经济社会的到来和信息技术的发展,零售业表现出了进入高科技含量和高资本、技术密集行业之列的发展趋势,通过分析外资零售业在中国的技术溢出机理,明确外资零售技术的溢出路径和影响因素,使本土企业能够更有效地吸收外资零售技术,从而达到提升其技术力量的目的,进一步提升中国零售业的技术水平和产业竞争力。

第三,有利于中国经济发展方式的转变。国家"十二五"规划明确提出,以改革开放为动力,以科技进步为支撑,加快经济发展方式转变是推动科学发展的必由之路。这意味着,一方面,今后一段时间中国经济发展将依重外商直接投资;另一方面,零售业作为服务业一部分是一国经济的重要组成部分,对国民经济和社会发展起到推动作用,它的发展变化直接影响到中国经济增长方式的转变——由全要素增长驱动替代要素投入驱动。所以本书虽然立足于零售业中观层面,但是对整个宏观中国经济的转型发展也能提供有益的借鉴。

1.2　研究对象及其界定

1.2.1　研究对象

本书的研究对象是考察外商直接投资对零售业是否存在技术溢出,如果存在,那么外商直接投资影响零售业全要素生产率的方向和强度是怎么样的,以及影响的因素是什么。对这一问题的研究分别从理论和实证两个层面来考察。

1.2.2　概念界定

1.2.2.1　外商直接投资

外商直接投资(Foreign Direct Investment,FDI)主要的学者和机构分别从不同的角度对外商直接投资进行定义:Hymer(1976)认为外商直接投资不仅是资产交换的国际化,也是生产的国际化。它代表着资本、管理技能、新技术等各种资源的"一揽子"转移。Caves(1971,1974)认为外商直接投资不仅包括资本的跨国界流动,还包括无形资产的跨国转移。包括了资本、工艺技术、产品要求、管理技巧、营销诀窍、人力资本等"一揽子"资源的转移。

IMF（2010）认为外商直接投资为在本国之外的企业获得持久利益而进行的投资，其目的是为了在该国外资企业的管理中拥有实际发言权。WTO（1996）确定外商直接投资是当一个国家的投资者获得了来自另一个国家的资产，并存在管理该资产的意图。UNCTAD（2005）则将外商直接投资定义为是一国（地区）的投资者在其母国（地区）以外的企业中建立长期关系，享有持久利益，并对之进行控制的投资。

主流学者以及主要的国际组织主要从性质与功能角度定义外商直接投资，而中国政府主要从来源范围角度对外商直接投资进行定义，两者并无较大的分歧。

结合以上不同研究结构或学者对外商直接投资定义的论述，本书中的外商直接投资指的是从东道国角度出发包括港澳台地区投资的外商直接投资。

1.2.2.2 外商直接投资的技术溢出效应

Marshall（1898）提出技术溢出效应等同于外部性。Pigou（1920）在研究福利经济学时将外部经济与外部不经济都当作溢出的积极效应和消极效应。Stiglitz（1997）认为在市场交易中没有被包含的额外成本与收益即为溢出效应。国内外许多学者给出了外商直接投资技术溢出效应的定义，如表1-1所示。

表1-1　　　　　　　　　国内外直接投资技术溢出的定义

学者	定义	评述
Caves（1974）	由跨国公司的创新活动产生，或者由于跨国公司带来的竞争压力消除了东道国产业内原有的扭曲，由此产生的准租金，这些准租金不能完全被跨国公司所获取而产生的溢出	强调溢出效应来自跨国公司的创新以及由此产生的准租金
Dunning（1993）	内资企业因与跨国公司进行接触而获得的好处	强调与跨国公司的接触
Lan（1995）	跨国公司所拥有的知识伴随着原材料的交换和人才的流动而流出或者扩散	强调溢出效应是知识的流出或扩散
Blomstrom Kokko（1998）	跨国公司在东道国实施外商直接投资，引起当地技术或生产力的进步，而跨国公司无法获取其中全部收益的一种经济外部效应	比较全面，此定义得到了广泛认可，强调了对技术或生产力的影响
何洁（2000）	对东道国的经济效率、经济增长或发展能力发生无意识影响的间接作用，它可以发生在同一产业内或者不同的产业间	强调了对经济效率、经济增长以及发展能力的间接作用

资料来源：李成刚. FDI 对我国技术创新的溢出效应研究 [M]. 浙江大学出版社，2011：15.

综合上述观点，本书中研究的外商直接投资的技术溢出效应是指由于外商直接投资所带来的"一揽子"资源对内资企业所带来的非自愿技术扩散或者由于其进入而对内资企业原有扭曲的纠正所产生的准租金，而外商无法获取全部收益的一种经济外部性。

进一步的，外商直接投资的技术溢出效应可分为广义和狭义效应。把外商直接投资对东道国宏观经济的影响，如对东道国的经济发展、GDP、资本、就业、税收、进出口以及国际收支等方面的影响称为广义效应；而把外商直接投资对东道国在行业与企业层面的影响，如对东道国的劳动生产率、全要素生产率、研发等方面的影响定义为狭义效应。本书主要研究外商直接投资对全要素生产率的影响，属于狭义外商直接投资技术溢出效应研究。

1.2.2.3　零售业

Philip Kotler（1998）认为零售是将货物和服务直接出售给最终消费者的所有活动，无论生产者、批发商还是零售企业都在开展这种业务。Levi（2005）和 Waits（2005）从销售内容、销售方式和销售对象的角度对零售进行定义，他们认为零售是将产品和劳务出售给消费者，供个人及家庭使用来创造价值的活动——不仅出售商品，也包括服务。马克思（1975）认为零售和批发都是为消费者提供销售服务的行业，其根本区别在于是否批量给最终消费者。零售是指服务对象为最终消费者，小批量的销售活动，而批发是指服务对象为非最终消费者，大批量的销售活动。本书参考以上学者的观点，认同零售业是将产品和服务出售给最终消费者的行业。

1.2.2.4　零售技术

零售技术最早由 Kacker（1985）提出，是指零售企业在特定环境下所运用的商业理念、经营政策与技术。之后 Kacker（1988）对其内涵进一步阐述，认为零售技术包括管理和技术两个要素，管理要素主要包括零售企业的理念、政策和体系，技术要素涵盖零售企业在店铺选址、店铺环境设计以及店铺经营管理过程中运用的各类技术。在 Kacker（1988）看来，零售技术只是零售专业技术（Retail Know-how）的一个组成部分。随后学者们从不同角度对其内涵进行了阐述和分类。Dawson（2002）指出零售技术由零售技术要素、零售文化要素和零售业态要素构成，其中技术要素是指零售商所采用的系统、方法、程序和技巧；文化要素指各种理念、惯例、规制和经验；业态要素指店铺选址、商品组合、店铺气氛、店铺服务、价格策略等零售组合要素。其中技术要素和文化要素被认为是零售组织内在的技能要素，而零售业态要素则是零售店铺外在的技能要素。Currah 和 Wrigley（2004）、Alexander 等（2005）、Shaw 和 Alexander（2006）、Jonsson 和 ELG（2006）则强调零售技术和零售知识有相似之处，只是零售技术包含的内容更加具体，是指零售企业所拥有或可以有效利用的，能使其表现出超越竞争对手的差别化优势的一组核心知识。学者们对零售技术的内涵还没有一致的观点。

因此，零售技术包括硬技术和软技术。硬技术包括零售的系统、方法、程序和技巧等计算机和网络技术在零售业的应用。软技术包括零售文化、理念、惯例、规模、操作和经营等管理技能以及管理理念的创新。

1.2.2.5　全要素生产率

Solow（1957）的经济增长理论认为全要素生产率是指，各种生产投入要素（如资本、劳动投入、能源、自然资源等）贡献之外的、由技术进步、技术效率、管理创新、社会经济制度等因素所导致的产出增加。产出增长率超出要素投入增长率的部分为全要素生产率（TFP，也称总和要素生产率）增长率。全要素生产率的增长率常常被视为科技进步的指标。全要素生产率一般的含义为资源（包括人力、物力、财力）开发利用的效率。从经济增长的角度来说，生产率与资本、劳动等要素投入都贡献于经济的增长。从效率角度考察，生产率等同于一定时间内国民经济中产出与各种资源要素总投入的比值。从本质上讲，它反映的则是各国家（地区）为了摆脱贫困、落后和发展经济在一定时期里表现出来的能力和努力程度，是技术进步对经济发展作用的综合反映。

全要素生产率是用来衡量生产效率的指标，它有三个来源：一是效率的改善；二是技术进步；三是规模效应。在计算上它是除去劳动、资本、土地等要素投入之后的"余值"，由于"余值"还包括没有识别带来增长的因素和概念上的差异以及度量上的误差，它只能相对衡量效益改善技术进步的程度。

1.3　研究思路与研究内容

1.3.1　研究思路

本书在归纳总结现有文献基础上，结合垄断优势理论、内部化理论、国际生产折衷理论等理论，结合零售业特征，围绕着三条主线展开研究：

第一，运用基于 DEA 投入方法的 MI 生产率指数法测算了中国本土零售业在 2006~2011 年的全要素生产率，并分解为技术效率和技术进步等指标，探讨了我国零售业全要素生产率的变化趋势及其原因。根据实证研究结果，讨论相应的零售业转型发展的引导政策，并提出中国零售业全要素生产率增长的双轮驱动（技术进步和技术效率并重）问题。

第二，考察中国零售业外商直接投资技术溢出效应是否存在。利用2006~2011 年本土零售业全要素生产率数据与零售业外商直接投资数据，采用基于面板数据的协整分析法，结合格兰杰因果关系检验和脉冲响应函数分析，来考察外商直接投资规模和市场参与度与我国本土零售业全要素生产率的短期和长期的关系。根据结果提出零售业应长期继续合理引进外资，重视技术溢出效应。零售业吸收外商直接投资需要注重效益和质量，强调引资、引技和引智结合，进一步强化利用外资的广度和深度。

第三，分析中国零售业外商直接投资技术溢出效应的影响因素。利用调节效应理论，将外商直接投资来源技术差距、吸收能力以及行业特征等因素设定为调节变量进行回归分析，考察这些因素对外商直接投资技术溢出效应的影响。在此基础上提出加强零售业外资分类监管和提升内资能力并重等建议。

1.3.2　研究内容

本书以中国零售业的外商直接投资技术溢出效应为主题，研究内容主要围绕以下几个方面的问题展开：一是改革开放以来，我国本土零售业以全要素生产率为衡量的技术水平变化情况是怎样的？从全要素生产率的分解因素看，引起我国零售业全要素生产率变化的原因又是怎样的？二是我国零售业外商直接投资的技术溢出效应是否存在，即外商直接投资规模的增加或市场参与度的提升是否从本质上促进了我国本土零售业全要素生产率的提升？对这一问题的回答是本书研究的重要基础。三是结合已有研究，理论层面外商直接投资促进零售业技术溢出的机理是怎样的？四是影响零售业外商直接投资技术溢出效应的影响因素有哪些？不同的外商直接投资衡量标准，不同的外商直接投资来源，内外资的技术差距以及行业特征是如何对我国零售业外商直接投资的技术溢出效应产生影响的？五是从政策角度看，如何通过多种措施最大限度提升我国本土零售业利用外商直接投资技术溢出效应提升竞争力的能力，充分利用外商直接投资的技术溢出效应来实现技术水平提升？

1.4 研究方法与技术路线

1.4.1 研究方法

本书的研究遵循现代经济学的研究逻辑，"提出问题→理论分析→基本假说→实证检验→提出对策"是现代经济学研究的基本逻辑，本书在整体谋篇布局上也遵循这样的思路，并注重将新古典经济分析与新制度经济学方法相结合，理论分析与经验研究并重。

本书使用的研究方法主要有：

（1）文献归纳法。收集、整理和阅读相关的文献资料，从中提炼出本书的理论框架，提出理论假设和理论模型，并对研究结论进行解释。实证方面，主要是借鉴已有研究所针对的对象、采用的样本数据、相关指标的选取以及使用的实证分析方法，同时结合本书的研究特点和数据结构，选取更为合理的实证研究方法。

（2）公开数据检索法。通过 2006 ~ 2012 年《中国统计年鉴》、《中国贸易外经统计年鉴》、《大中型批发零售和餐饮业统计年鉴》以及中国统计年鉴数据库、中经网数据库等统计年鉴和数据库，根据研究目的、对象以及研究要求等收集中国零售业部门内外资的相关数据，以获得翔实可靠的数据资料，为本书的实证分析奠定良好的数据基础。

（3）理论分析部分，本书主要在现代经济学的分析框架下，选取古典和新古典经济学、技术创新理论、技术进步理论、新经济增长理论、内生增长理论以及新国际贸易理论等相关理论，结合已有的研究，借助于抽象思维外商直接投资与我国本土零售业全要素生产率之间的关系以及影响零售业外商直接投资技术溢出效应的影响因素等理论体系进行逻辑推理和归纳演绎，从而提炼出一个较为完整、具有较强逻辑性的理论分析框架。同时也通过大量的实证分析为理论研究寻找经验证据的支持。本书利用统计分析方法对我国本土零售业全要素生产率变化情况进行归纳、呈现和对比，并采用基于面板数据的协整分析法、面板数据回归分析等计量方法对相关的理论研究进行验证。

此外，注重分析方法的比较与选择。在实证分析过程中，本书尤其注重对现有方法的比较与选择，针对以往研究的不足并结合研究目的，选择最适合的分析方法。第一，在已有研究的基础上综合比较了测算全要素生产率的不同方法，选择更为科学的基于 DEA 投入法的 Malmqusit 生产率指数法来测算我国本土零售业的全要素生产率。第二，考虑到外商直接投资对我国本土零售业全要素生产率的影响不仅仅在短期内体现，更有可能存在长效促进机制，因而在实证研究二者关系的时候，选用基于面板数据的格兰杰因果关系检验法和协整分析法，不仅能够考察外商直接投资与我国本土零售业全要素生产率提升二者关系的方向（因果关系），同时也能够体现出二者之间的短期动态关系和长期均衡关系。第三，在研究我国零售业外商直接投资技术溢出效应的影响因素时，借助调节效应理论，将外商直接投资来源内外资技术差距以及东道国行业特征等因素设定为调节变量，考察这些因素的变化如何影响外商直接投资对我国本土零售业技术溢出的强弱和方向；同时在经济计量方法上，采用工具变量（IV）估计法进行计量分析，能够有效克服可能存在的内生性问题，从而最大限度地提升实证结论的准确性。

1.4.2 技术路线

图 1-1 展示了本书的逻辑结构和框架，基于现代经济学的基本逻辑"提出问题→理论分析→基本假说→实证检验→提出对策"，本书主要包括三部分内容。第一部分为全书的框架和理论基础，包含第 1 章至第 3 章内容；第二部分为全书的核心内容，主要是从实证视角研究中国零售业外商直接投资技术溢出效应与影响因素，包含第 4 章至第 6 章内容；第三部分为本书的结论和政策启示，包含第 7 章。各章的具体内容如下：

第 1 章为导论部分，概括介绍本书的研究动机和意义、研究对象及界定、研究思路和框架，以及可能的创新和研究不足。

第 2 章梳理有关服务业外资进入技术溢出效应相关文献，从零售业全要素生产率的测算、服务业外商直接投资的技术溢出效应、外商直接投资技术溢出效应的影响因素和外商直接投资与零售业全要素生产率增长四个方面进行总结，进行相应述评。

第 3 章提出全书理论假说。从零售业外商直接投资技术溢出效应区分不同外商直接投资衡量标准（外商直接投资总规模和外商直接投资市场参与度）的短期和长效影响；从零售业外商直接投资技术溢出影响因素方面区分不同外商直接投资衡量标准（外商直接投资总规模和外商直接投资市场参与度）的外商直接投资来源、内外资技术差距、技术吸收能力、市场集中度以及资本密集度等因素对中国零售业外商直接投资的技术溢出效应的影响。

第 4 章运用基于 DEA 投入方法的 MI 生产率指数法测算了中国本土零售业

```
                          ┌─────────────┐
                          │    导论      │
                          └─────────────┘
               ┌─────────────┼─────────────┐
      ┌──────────────┐ ┌──────────────┐ ┌──────────────┐
      │  选题背景     │ │  研究内容     │ │  主要创新     │
      │  研究意义     │ │  研究思路     │ │   与不足      │
      └──────────────┘ └──────────────┘ └──────────────┘
                          ┌─────────────┐
                          │  文献综述     │
                          └─────────────┘
```

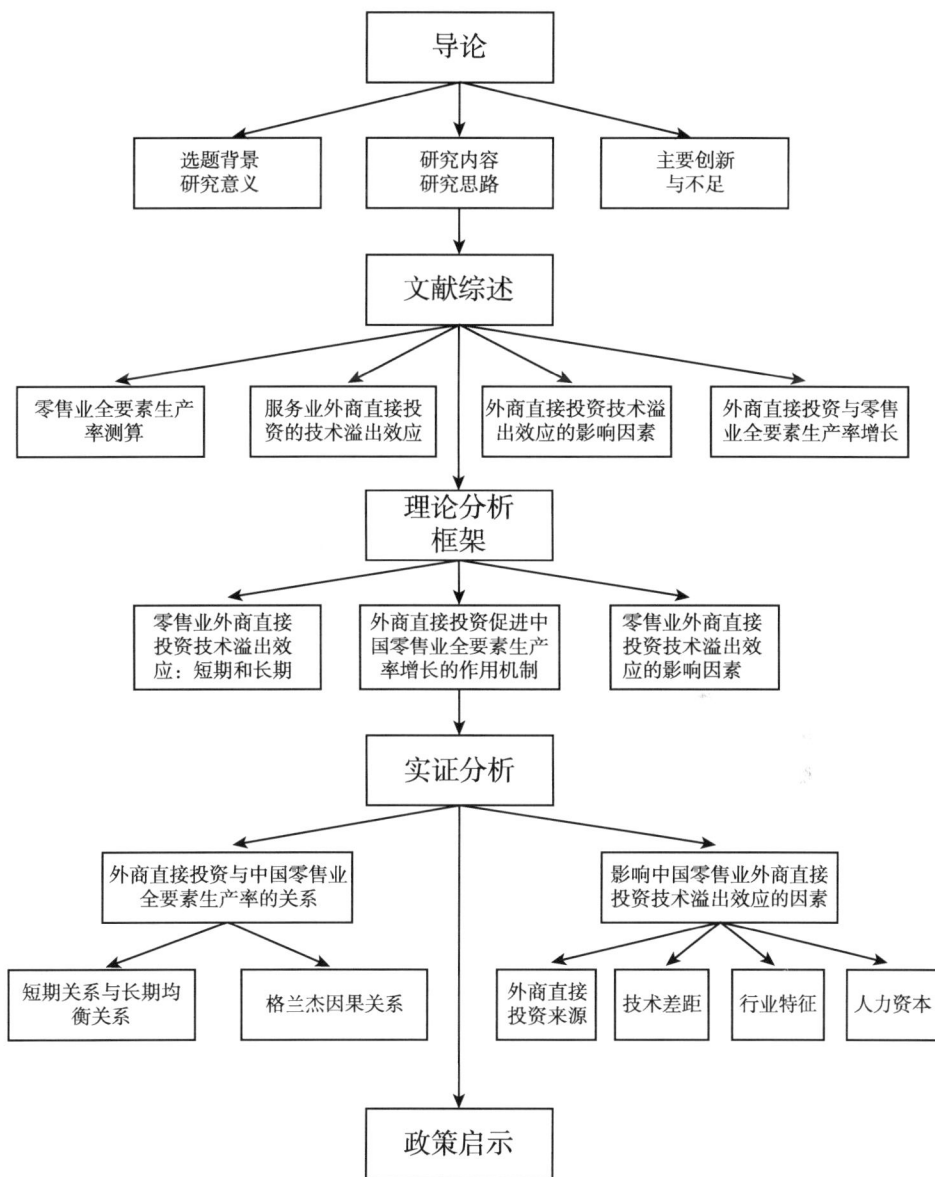

图 1－1　本书的技术路线

在 2006~2011 年的全要素生产率，探讨了我国零售业全要素生产率的变化趋势及其原因。

第 5 章研究中国零售业外商直接投资技术溢出效应。利用 2006~2011 年本土零售业全要素生产率数据与零售业外商直接投资数据，考察外商直接投资规模和市场参与度与我国本土零售业全要素生产率的短期和长期的关系。

第 6 章分析中国零售业外商直接投资技术溢出效应的影响因素。利用调节效应理论，将外商直接投资来源技术差距、吸收能力以及行业特征等因素设定为调节变量进行回归分析，考察这些因素对外商直接投资技术溢出效应的影响。

第 7 章进行全书总结，提出中国零售业外商直接投资技术溢出的政策与建议。

1.5　可能的创新与不足

1.5.1　可能的创新

本书与已有研究的主要区别，同时也是可能的学术贡献体现在以下几个方面：

（1）研究视角的创新。有关制造业外商直接投资技术溢出效应的文献很多，但是服务业外商直接投资技术溢出效应的研究开展的相对较少，一些典型文献也是从服务业整体的角度切入，研究外商直接投资对服务业整体技术进步的影响，并没有对服务业做进一步的细分。本书以中国零售业为研究对象，一方面，考察改革开放以来中国零售业全要素生产率的变化情况，同时借助 DEA 方法将全要素生产率进一步分解为技术进步和技术效率等因素，从而分析引发这种变化的原因；另一方面，从理论和实证两个角度较为系统地分析了中国零售业外商直接投资的技术溢出效应及其影响因素，这是对相关研究领域的一个有益补充。

（2）研究内容上的创新。在具体的研究内容上，本书与已有文献也有一定的区别，主要体现在：一是在考察外商直接投资对中国本土零售业全要素生产率的影响时，将内外资零售业进行清晰的区分，这就克服了因为无法区分零售业性质而导致实证结论的偏误；① 二是注意到了外商直接投资的规模与市场参与度可能会对中国本土零售业产生不同的技术溢出，以规模衡量的外商直接投资技术溢出效应与以市场参与度衡量的外商直接投资技术溢出效应二者间存

---

　　① 因为整体零售业全要素生产率的提升可能是外资零售业的带动作用，甚至可能出现在外资零售业生产率增长而内资零售业生产率下降的情况下，零售业整体仍然表现出生产率增长的局面。

在差异；三是充分考虑了短期和长期两种不同的考察期内，外商直接投资对中国零售业全要素生产率的不同影响，并利用实证方法将这种长短期差异得以体现；四是从外商直接投资来源、内外资技术差距、行业集中度、资本密集度以及人力资本水平等行业特征，不同角度系统考察影响中国零售业外商直接投资技术溢出效应的因素。

（3）研究方法上的创新。已有针对外商直接投资技术溢出效应的方法各式各样，但是否能选择合适的实证方法，直接关系到经验证据的可靠性。所以本书尤其注重对现有方法的比较与选择，主要表现在：一是在综合比较的基础上，选择更为科学的基于 DEA 投入法的 Malmqusit 生产率指数法来测算中国本土零售业的全要素生产率；二是采用基于面板数据的格兰杰因果关系检验法和协整分析法，考察外商直接投资与中国本土零售业全要素生产率提升二者关系的方向以及短期动态关系、长期均衡关系；三是在实证分析我国零售业外商直接投资技术溢出效应的影响因素时，借助调节效应理论，将外商直接投资来源、内外资技术差距以及东道国行业特征等因素设定为调节变量，考察这些因素的变化如何影响外商直接投资与中国本土零售业全要素生产率增长之间关系的强弱甚至方向；同时在实证方法的选择上，采用工具变量（Ⅳ）估计法，有效克服可能存在的内生性问题。

1.5.2 研究不足

由于笔者理论功底和写作水平的局限，本书的研究还存在一些不足之处，同时也有一些问题有待做进一步的探讨，可以归纳为以下几个方面：一是文献的搜集、归纳和评述还有待加强，由于是专门针对零售业外商直接投资技术溢出效应的研究，相关研究确实偏少，使得在文献搜集上有一定困难，这方面的文献综述较为薄弱。二是在理论分析的系统性和深入性方面也有待提高，外商直接投资的行业技术溢出效应涉及国际经济学、新古典经济学、经济增长理论以及发展经济学等多个学科和领域，需要较强的理论功底。此外，专门针对零售业外商直接投资技术溢出效应的研究更需要清晰把握零售业这种服务业行业的新特征，而服务业外商直接投资技术溢出效应的相关研究是在近些年才开展的，许多理论还在积累和探索当中。三是在样本和数据上存在局限。中国零售业开放时间较短，相关数据很难获得，尤其是区分外商直接投资来源、内外资零售业等方面的数据更难获得，这就极大制约了本书使用的样本规模和时间跨度，并可能会对研究结论产生一定的影响。

第 2 章　文献综述

2.1　零售业全要素生产率的测算

2.1.1　服务业生产率度量的历史沿革

对服务业研究的兴起与全球范围内服务业的迅速发展密切相关。"服务经济"最早是由 Fucus（1968）提出，他通过研究认为服务业的发展直接关系到国家或地区经济的持续性增长。尤其是经济一体化使得全球市场竞争异常激烈，企业的生存压力变得越来越大。在这样的宏观背景下，产出效率对于服务业来说就显得尤为重要。尽管在近二十年中，服务业和制造业的规模得到重视，但是生产率并不像制造业的生产率一样得到较快增长（Van Biema & Greenwald，1997），而研究与服务业发展尤其是服务业效率问题的一个重要的前提与基础就是对服务业生产效率的测度。

从已有研究来看，目前对于服务业生产率测度问题的争论主要可以归纳为以下几个方面：首先，什么是服务业的生产率，即服务业生产率的定义是什么，与制造业相比，服务业具有什么样的内涵与外延；其次，对服务业生产率进行测算使用什么方法进行；再次，测算服务业生产率所采用的指标和数据是什么；最后，影响服务业生产率测算的主要因素有哪些。以上这些方面中最为重要的就是关于什么是服务业的定义，这是因为对服务业内涵和外延的界定直接影响到在具体的服务业生产率测算中采用哪些指标、使用什么数据以及采用什么样的方法，而这又进一步关系到服务业生产率测算结果的准确性和科学性。与此同时，由于服务业本身所具有的一些"特质"，使得针对服务业生产效率的研究与制造业有着较大的区别，例如，以 Griliches（1967）为首的一批统计学家和经济学家就指出，服务业有着区别于制造业的"无法测度性"，所以已有的针对服务业生产率测算的方法可能存在偏误，并且得出的结果容易低估了服务业生产率的真实情况以及变化情况。因此，研究出适合服务业生产效率测度的方法尤为关键。

　　早期对服务业生产率的衡量主要采用的是服务业的劳动生产率，即投入到服务业中的劳动力与产出的比值，这是早期服务业生产率研究中使用的较多的方法。以劳动生产率来定义服务业生产率主要涉及两个指标，分别是服务业的产出指标与服务业的劳动力投入指标。虽然以劳动生产率来衡量服务业的生产率较为直观，但其存在的弊端就是投入产出指标在数据获取方面缺乏客观性。但即便如此，劳动生产率指标仍然在服务业的研究领域做出了巨大的贡献。例如，Fucus（1968）就采用美国 1929～1965 年的经济统计数据测算了服务业部门的劳动生产率，并将其与同时期的制造业生产率进行了对比分析，深入研究了美国服务业的增长问题。Baumol（1967）构建了一个两部门的非均衡增长模型，对制造业与服务业之间生产率存在显著差异的原因进行了深入分析。

　　服务业生产率测算的进一步发展得益于全要素生产率（TFP）指标的提出。关于全要素生产率方法的提出，最早可追溯到亚当·斯密时期。早在亚当·斯密时期，经济学家就认识到了技术水平提升在经济发展中扮演的重要作用，但是对于技术进步是如何促进经济增长这一问题还缺乏深入而全面的认识。虽然人们一直试图通过各种方法来对技术及进步进行衡量，但是与有形的劳动力和物质资本相比，技术是无形的，因而只能通过较为间接的方法对其进行测度（Keller，2004）。由于缺乏相应的方法和工具，第二次世界大战以前主要简单地从劳动投入要素或物质资本增加的角度来衡量经济增长。所以在当时看来，物质资本与劳动力的增加既是经济增长的原因，也是经济稳定增长的结果。而技术进步对于经济增长的贡献，一直没有得到清晰的核算。直到第二次世界大战之后，才开始有学者尝试测度经济增长的“直接”源泉，并将“增长核算”纳入宏观经济学的范畴。全要素生产率的估算方法主要可以分为参数方法和非参数方法。参数方法借助经济学和计量经济学的相关理论，使用生产函数来描述企业的投入产出关系，在已有的假设下，采用计量回归方法估计出投入产出模型中的相关参数，并在此基础上对生产率进行测算的方法。非参数方法依据线性规划和指数理论等非参数理论建立起来的方法。它不用设定具体的生产函数，也没有较强的前提假设，可以避免参数方法由于设定函数的不同带来的检验结果的偏差。

　　全要素生产率方法一经提出，极大地推动了服务业研究尤其是服务业生产效率测度方面的研究，很多学者开始采用不同的全要素生产率计算方法，结合相关的指标和数据，测算了服务业的全要素生产率并对其变化情况和原因进行了分析。早期研究的重点在于通过与工业全要素生产率的对比，来分析服务业全要素生产率的变化情况以及引发这些变化的原因。例如，Perelman 和 Claudine（1997）以 1970～1987 年 13 个 OECD 国家和地区服务业数据为样本，使用 Divisia 指数法以及前沿生产函数法，采用全要素生产率以及进一步分解的技术效率和技术进步指标，测算了服务业的全要素生产率，并将其与同一时间段的制造业生产率进行了对比研究。Wolff（1999）经过研究之后提出了两种间接测度服务业生产率的指标和方法，一种是利用服务业中就业变化的信息，另一种则是基于较为直接的投入产出系数的数据。

同样采用全要素生产率指标，Nicholas（1999）使用英国 1973～1995 年 123 个行业的统计数据，对这些行业的生产率进行了测算，并在此基础上做了进一步的对比分析。该研究发现，在考察期内，绝大多数的服务业在生产率方面要低于建筑行业和制造业；同时在服务业内部，运输和通讯服务业的生产率是最高的，而商务服务业以及金融等部门在整个服务业全要素生产率测算中具有较大的权重，但是这几个行业对于整个经济增长的贡献程度却是较低的。Nicholas（1999）认为这恰恰说明了这些服务行业的技术进步程度偏慢。Triplett 和 Barry（2002）利用美国的国民经济统计数据，并同时采用劳动生产率和全要素生产率这两种指标对服务业的生产率进行了测算。该研究认为全要素生产率的增长进一步推动了劳动生产率的提升，同时全要素生产率的增加也是推动服务业劳动生产率提升的关键动力。同样以美国为研究对象，Triplett（1999）的研究发现，在 20 世纪 90 年代的美国，除了通讯业和批发业以外，经营服务业、保险服务业以及金融服务业这三类服务业部门的生产率都呈现负增长的趋势，而以上这五个部门都是这一时期对计算机投入最多的部门。Metty（2001）以美国 1977～1996 年的国民经济统计数据为样本，测算了该时期服务业的全要素生产率。该研究发现，在此期间美国服务业的劳动力成本与人均产出呈现反向变化的态势，并进一步导致了服务业产品价格的上涨幅度超过了整体平均水平。Renuka 和 Mahadevan（2000）使用新加坡在 1976～1984 年，1986～1990 年和 1990～1994 年三个时期的服务业宏观统计数据，并建立随机前沿生产函数模型，测算了这三个时期新加坡服务业的全要素生产率，并将其进一步分解为技术效率和技术进步等指标，深入探讨了新加坡服务业的增长源泉问题。

在全球服务业发展大背景下，许多国内学者也开始了对服务业的生产效率的研究。由于这一时期国外学术界已经开始采用较为先进的全要素生产率测算法，所以这些方法或指标也在国内得到了迅速的应用和拓展。例如，郭克莎

（1992）以我国在 1979 ~ 1990 年的服务业经济数据为样本，并采用索洛余量法对该时期服务业生产率的变化情况进行了分析。程大中（2003）以我国在 1978 ~ 2000 年的服务业发展数据为样本，通过构建一个能够反映技术进步情况的总量生产函数，对该时期我国要素投入、技术水平变化以及生产率与服务业增长之间的关系进行了实证分析。研究发现，从 20 世纪 90 年代开始，我国服务业发展的驱动力就开始发生了改变，即服务业人均生产率提升的主导因素由早先的全要素生产率转变为资本—产出比增长率，国内学者关于服务业全要素生产率方面的研究如表 2 - 1 所示。

表 2 - 1　　　　　国内学者关于服务业全要素生产率方面的研究

作者	样本时间	TFP 测算方法	研究目的
郭克莎（1992）	1979 ~ 1990 年	索洛余量法	全要素生产率对第三产业增长的贡献程度
程大中（2003）	1978 ~ 2000 年	总量生产率函数法	服务业增长与要素投入、生产率和技术进步之间的关系
徐宏毅和欧阳明德（2004）	1993 ~ 2002 年	超越对数前沿生产函数模型	服务业全要素生产率测算以及服务业全要素生产率对中国经济增长的贡献程度
顾乃华（2005）	1992 ~ 2002 年	随机前沿生产函数模型	中国服务业阶段性增长特征
顾乃华（2008）	1992 ~ 2002 年	数据包络分析法	中国服务业阶段性增长特征
谷彬（2009，2010）	1978 ~ 2008 年	超越对数生产函数随机前沿模型	服务业全要素生产率的测算以及改革开放以来阶段性发展特征
杨青青等（2010）	1992 ~ 2007 年	随机前沿生产函数模型	测算样本期中国中服务业全要素生产率的变化情况以及变化原因
杨向阳和徐翔（2006）	1990 ~ 2003 年	非参数 Malmquist 指数方法	中国服务业全要素生产率的增长状况并分析原因
刘兴凯（2009，2010）	1978 ~ 2007 年	非参数 Malmquist 指数方法	中国服务业全要素生产率的变动情况
张自然（2008，2010）	1993 ~ 2004 年	非参数 Malmquist 生产率指数法和超对数随机前沿模型	中国生产性服务业全要素生产率的测算及变化情况分析
原毅军（2009）	1997 ~ 2005 年	非参数 Malmquist 指数方法	中国生产性服务业全要素生产率变化原因、地区差异与变动趋势

由于随机前沿生产函数法较传统全要素生产率计算方法的众多优越性，在

国内服务业研究领域得到了迅速的推广。例如，徐宏毅和欧阳明德（2004）以中国在 1993~2002 年的服务业为对象，通过构建前沿生产函数来测算了中国服务业的生产效率。该研究表明，在这一时期中国的服务业发展有利推动了整个宏观经济的增长，服务业全要素生产率对经济增长的贡献率为 42.5%。类似的，顾乃华（2005，2008）利用中国 1992~2002 年服务业数据，采用数据包络法和随机前沿生产函数法，分析了这一期中国服务业的生产率变化特征。他发现这一时间段内中国服务业的技术效率偏低，服务业的发展主要通过粗放式的要素投入来驱动，而全要素生产率对服务业发展的贡献较低，现有的技术和资源并未得到较为充分的利用。同时顾乃华（2005，2008）的研究还发现，这一时期内中国内部各区域之间在服务业生产率方面的差距呈现明显扩大的趋势。进一步的，顾乃华和李江帆（2006）基于随机前沿生产函数模型，探讨了中国内部各区域之间在服务业技术方面的差异情况，以及这种差异对服务业增加值地区不平衡的影响。研究结果表明，中国三大经济带在服务业技术效率方面存在着较为显著的差异，而这也更加深了中国的服务业发展在地区间的不平衡问题。

谷彬（2009，2010）也是采用随机前沿模型来对 1978 年以来中国服务业全要素生产率的增长情况进行了测算和分析，发现中国服务业生产效率的发展过程表现出较为显著的阶段性特征，其中 1992 年是比较关键的分界点。谷彬（2009，2010）的研究发现此期间中国服务业全要素生产率的增长得益于技术效率的改善，而服务业规模效率的持续低下则对全要素生产率的增长起到了制约和阻碍的作用。在 1992 年之后，中国服务业的配置效率出现了持续性的改善，而不断推进的市场化改革和对外开放政策是进一步推动我国服务业全要素生产率提升的重要因素。杨青青等（2010）以中国 1992~2007 年服务业发展数据为样本，利用随机前沿生产函数模型来实证分析了这一时期我国服务业全要素生产率的变化情况。该研究发现在这一时期我国服务业全要素生产率呈现持续增长的趋势，但技术效率却以年均 2% 的速度下降，技术进步则以年均 3.2% 的速度增长。同时，服务业生产率在地区间的差异也非常明显，表现为东部地区服务业无论是生产率增长率还是生产率绝对水平，都要显著高于中西部地区；中部地区的服务业生产率绝对水平要比西部地区高，而生产率增长率则要低于西部地区。

近些年来随着数据可获得性的提高，在服务业全要素生产率的测算方面非参数 Malmquist 指数方法也得到了较为广泛的应用。比较典型的文献主要有：

杨向阳和徐翔（2006）采用非参数 Malmquist 指数方法，从投入产出效率的角度，对中国服务业在 1990～2003 年的全要素生产率变化情况进行了分析。结果显示，这一时期我国服务业的全要素生产率以年均 0.12% 的速度逐年增长，并且技术水平的提升是引发这种变化的核心，同时技术效率的低下则阻碍了全要素生产率的快速提升。杨向阳和徐翔（2006）的研究结论与多数学者的结论大致相同。刘兴凯（2009，2010）以中国 1978～2007 年的服务业发展数据为样本，测算了这一时期中国服务业全要素生产率变化情况及其影响因素。他发现虽然中国的服务业全要素生产率自改革开放以来一直是呈现上升的趋势，但是增长幅度却在不断地下降。要素投入在这一时期服务业增长中起到了非常关键的作用，而全要素生产率的积极作用在逐步削弱，表明了中国服务业发展的粗放型特征较为明显。

2.1.2　零售业全要素生产率的研究

零售业是服务业的重要组成部分，零售业的兴旺与否直接关系到消费需求，进而影响到宏观经济的增长。从这个角度来说，对零售业生产率展开研究是非常重要的。衡量产业发展质量需要借助生产率这一核心指标，因而相应的，针对零售业生产率的研究也需要首先对零售业全要素生产率进行测算。在科学测度零售业全要素生产率的基础上对其变化趋势和原因进行深入研究，对于促进零售业竞争能力提升和可持续发展而言具有极为重要的意义。当时从已有文献来看，专门针对零售业的生产率展开分析的研究还较少，而且其中的大多数都是重点研究微观零售企业的效率或者整个供应链的效率。

从已有文献来看，较早的对零售业生产率展开经验性研究的是 Hall（1961）的文献，他首先对零售业生产率进行了评估，并在此基础上对零售业连锁企业的管理和扩张政策进行了分析。Konopa（1968）测算了 1948～1963 年英国零售业生产率的变化情况，使用的单位劳动销售额、调整的单位设施销售额等指标。他发现，英国的零售业生产率在 1948～1963 年总体呈现上升的趋势。Bloom（1972）将零售业生产率定义为特定单位投入与产出之间的比值，这种比值越大则表明零售业的生产率越高。Ingene（1982）则通过构建一个零售业分销渠道中生产率变化及其影响因素的理论模型，他指出可以利用对投入和产出指标的选择来建立零售业生产率的分析框架。Good（1984）以零售业的员工人数、营业时间以及人员工资报酬等为投入指标，以销售额、交易规模以及价值增值幅度为产出指标，测算和分析了零售业的生产效率问题。该研究发现，与制造业相比，零售业也同样存在着规模经济的现象。与此同时，在企业资源利用效率方面的差异是造成不同零售企业拥有不同生产率的主要原因，而通常所认为的生产技术水平、商业业态或组织形式以及资本密集度等要素并不是构成引发生产率差异的核心因素。Thomas（1998）使用数据包络分析法测算了美国552家零售连锁店的生产效率，该研究所使用的投入要素包括从业人员数与营业面积之比、兼职员工与全职员工的比值、年运营费用、存货、基本组件和占用成本、年薪与工资总额等，而产出指标则包括零售业的年销售利润和销售额。国内外学者对零售业生产率的研究综述如表2－2所示。

表2－2 　　　　　　国内外学者对零售业生产率的研究综述

作者	样本和时间	生产率测算方法	投入产出指标
Konopa（1968）	英国零售业（1948～1963年）	统计分析法	调整的单位设施销售额、单位劳动力销售额等指标
Dalen，Koerts 和 Thurik（1990）	德国批发业（1979～1985年）	劳动—产出的计量经济模型	劳动力质量、库存周转率、运营模式以及在分销渠道中所处的环节对批发业生产率的影响
Thomas（1998）	美国552家零售连锁店（1978～2000年）	数据包络分析方法	单位营业面积从业人员数、全职员工与兼职员工的比率、年薪与工资总额、店铺经营年限、基本租金和占用成本、年运营费用、到最近可选择店铺的距离、存货等作为投入要素，用销售额和利润额作为产出要素
Sellers Rubio 和 Mas Ruiz（2007）	美国零售业（1956～2006年）	随机前沿生产函数模型	零售业从业人员数、门店数、固定资本存量为投入指标，营业收入和利润额为产出指标
Barros 和 Alves（2003）	葡萄牙零售连锁企业（1999～2000年）	数据包络分析方法	零售业从业人员数、门店数、固定资本存量为投入指标，营业收入、利润额为产出指标
Moreno（2008）	西班牙零售企业（1995～2004年）	非参数数据包络分析的 Malmquist 指数	零售业从业人员数为劳动力投入指标、固定资本存量为资本投入指标，主营营业收入为产出指标
Barros 和 Perrigot（2008）	法国零售业（2000～2004年）	数据包络分析方法和截断回归两步法	零售业从业人员数、门店数、固定资本存量为投入指标，营业收入、利润额为产出指标

续表

作者	样本和时间	生产率测算方法	投入产出指标
尤建新和陈江宁（2007）	12 家上市零售企业调查数据	数据包络法和统计对比分析	从业人员数、固定资本存量为投入指标，营业利率为产出指标
刘勇和汪旭晖（2007）	30 个省、自治区、直辖市的零售行业面板数据（2000 ~ 2005 年）	数据包络分析方法	零售业从业人员数、门店数、固定资本存量为投入指标，营业收入、利润额为产出指标
汪旭晖和万丛颖（2009）	中国零售企业上市公司（1998 ~ 2007 年）	Malmquist 指数和 Tobit 回归	零售业从业人员数、门店数、固定资本存量为投入指标，营业收入和利润额为产出指标

从早期学者开展的研究能够发现，对零售业生产率的研究遇到的一个首要的并且也是极为重要的问题就是对于零售业生产率概念的界定。不同的指标、数据结构以及计算方法，必然会导致测算出的生产率也不同。一直以来，学术界对于如何科学衡量零售业的生产率存在较多争议，而许多学者也纷纷提出了自己的零售业生产率指标选择标准和测算方法。目前对零售业生产率测算使用较多的指标仍然是投入产出比法（Rathford & Brown，1985；Bucklin，1978；Stoops，1988），例如，使用零售业销售额与营业面积之比或者销售额与从业人员数之比（Kamakura et al.，1996）。使用较多的产出指标主要有营业毛利（McKinsey，1998）、销售额（Doms，2004）、净产出或者增加值（Mahony & Boer，2002；Basu et al.，2003），而目前普遍认为增加值是测算零售业生产率中较好的产出指标。与制造业类似，零售业也是两种主要的投入，即劳动力投入和资本投入，主要是用从业人员数、营业时间、工资水平、门店面积以及存货等来衡量。其中，从业人员数、营业时间或劳动投入时间、门店面积是零售业生产率测算中较为常用的投入指标。

一些学者在利用不同方法对零售业生产率进行测算的基础上，从不同角度进行了分析。例如，Sellers Rubio 和 Mas Ruiz（2007）采用行业面板数据并结合随机前沿生产函数模型对美国零售业在年期间的全要素生产率进行了测算，认为技术进步表现在由于零售新技术的采用或者零售业领域的创新导致效率边界发生移动，而效率变化主要表现为在一定的零售业技术水平和固定投入水平下，最大产出能力得到的提升。Barros 和 Alves（2003）以葡萄牙零售连锁店在 1999 ~ 2000 年的抽样调查数据为样本，使用 DEA 方法测算了这一期间葡萄牙零售连锁的全要素生产率变化趋势，并在此基础上将其进一步分解为技术进步和技术效率。该研究表明，葡萄牙零售连锁店的全要素生产率变化并不一致，有些零售企业的生产率出现了负增长，而有些则以较高的速度提升。

Donthu 和 Yoo（1998）经过研究后指出，现有针对零售业生产率展开的研究大多都是使用宏观工具进行，而忽略了对微观企业层面的认真考察，他们认为采用微观工具来进行相关研究是十分必要的，这是因为通过对微观企业生产率的评估可以使得管理和评估工作变得更加客观和可行，而微观企业生产率测算工具中，DEA 方法就是较为常见的一种。自 Charnes（1978）首次引入 DEA 为评估工具来对对象单位进行评估分析以来，许多学者开始使用 DEA 模型来进行零售业生产率方面的研究，如 Moreno（2008）以西班牙零售企业在 1995～2004 年的抽样调查数据，测算并分析了这一时期西班牙零售企业全要素生产率的变化情况。该研究发现，西班牙零售企业之间的生产率差异较大，有些零售企业生产率呈现负增长，而有些零售企业的生产率增长较快。但是绝大多数零售企业的技术进步是较为明显的，整体零售业全要素生产率的增长主要得益于技术进步的加快。Barros 和 Perrigot（2008）以 2000～2004 年法国零售业调查数据为样本，首先采用数据包括法对零售企业的配置效率和技术效率进行了测算，并在此基础上进一步使用两步回归法对影响配置效率和技术效率的因素进行了经验分析。

从国内学者一些已有的研究成果来看，目前国内对零售业生产率的研究也主要集中于零售企业的效率上，尤其是在测算零售业全要素生产率的基础上进行的效率对比分析，一类是将我国零售业与国外零售业的生产效率进行对比分析。例如，尤建新和陈江宁（2007）以我国 12 家上市零售公司的调查数据为样本，采用 DEA 方法对这 12 家零售企业的生产效率进行了测算，并将其与国外著名零售企业进行对比，发现生产效率的差异主要是体现在净收益和人力资本水平上，并提出提升人力资本水平是进一步提高我国零售企业生产效率的关键所在。另一类是对我国内部各区域间零售业生产效率的差异进行对比分析，并试图寻找造成或影响这种差异的原因。例如，刘勇和汪旭晖（2007）利用我国 30 个省、自治区和直辖市的零售业行业数据，使用 DEA 方法对我国不同地区零售业的生产效率进行了测算和分析。他们发现我国中西部地区零售业的零售业非有效程度要明显高于东部沿海地区的零售业。

还有一些针对流通业生产率展开的研究也需要引起关注，因为国内许多研究是将零售业归入流通业中，因而许多与流通业相关的研究具有重要借鉴意义。例如，章迪平（2008）利用 1980 ~ 2006 年浙江省流通业数据，采用 Cobb-Douglas 生产函数对这一期间浙江流通业的全要素生产率进行了测算。根据研究结论发现，全要素生产率对浙江流通业增长的贡献程度为 32.23%，劳动力投入的贡献度为 19.94%，而资本投入对流通业增长的贡献度最高，达到了 47.83%，这充分表明了现阶段浙江省流通业的增长方式仍然为要素投入推动的粗放型增长方式。刘向东等（2009）在利用索洛余量法测算我国流通业生产率的基础上，深入探讨了我国流通业的增长方式。该研究指出，我国的流通业发展自 1992 年之后呈现出由技术和资本两种要素共同驱动的发展模式，这两个因素在大多数时期对流通业增长的贡献度合计达到 90% 以上，尤其是技术进步的贡献程度更为明显，在多数时期的贡献度都达到了 50%，而纯粹的劳动力要素投入在流通业发展驱动因素中已经不再占据主导地位。

另外还有一些文献基于效率的角度实证考察了我国流通业的运营效率。虽然这一类的研究并不是直接对流通业的全要素生产率问题进行研究，但是一些研究思路或方法，如样本的选取、数据的采集以及投入产出角度等对本书的研究也具有重要的借鉴意义。例如，李骏阳和余鹏（2009）以我国 1995 ~ 2007 年的流通业数据为样本，利用效益型指标、规模小指标以及周转性指标三大类指标构建了我国流通效率衡量指标体系，利用因子分析法从流通效率的视角对这一时期我国的流通效率进行了测度和分析。研究结果发现这一时期我国流通效率总体上呈现出先上升后下降的变化趋势。

2.1.3 文献评述

服务业由于区别于制造业的一些特点（如无形性、异质性、同时性和易腐性）使得生产率难以像制造业那样实现快速增长，而衡量服务业生产率也是一个难点（McLaughlin & Coffey，1990）。无形性和异质性使得服务业难以量化，服务业的易逝性和同步性使得在多数情况下很难对公司的生产能力做出准确的衡量（Klassen et al.，1998）。在这样的背景下，和制造业相比很难达到生产率的增加（Van Biema & Greenwald，1997），由于制造商需要实物产品，可以使用生产率进行测量。然而，在服务生产过程中，服务业的不同性质和多样化意味着每个领域的发展有其自己的生产率测量方式，而这些方式往往没有得到广泛的传播（McLaughlin & Coffey，1990）。实物是传统测量生产率的方法，这种方法主要针对有实物产出的制造业。然而，实物的测量忽视了由于服务的异质性和服务过程顾客参与的影响，因而并不适用于对服务业生产效率的测度。试图解决这些问题，有学者综合使用了产出和财务相结合的方法，这种方法是由于服务业异质性和顾客参与服务过程综合引起质量变化唯一方式，Grönroos 和 Ojasalo（2004），意识到服务业的生产效率也可使用总利润和总成本比率来测量。

目前，国内有关全要素生产率测算方面的文献大多集中在国民经济增长、工业和农业部门方面，对服务业全要素生产率研究的比较少。从已有文献来看，按照服务业全要素生产率空间范围来划分，现有研究可以分为三个方面：一是基于宏观层面研究分析服务业全要素生产率的发展趋势和动力源泉（郭克莎，1992；程大中，2003；杨勇，2008；等等）。二是基于中观地区层面对服务业地区差异进行面板数据的研究，分析服务业全要素生产率的区域发展状况、差异以及成因等（顾乃华，2006；杨向阳，2006；刘兴凯，张诚，2010）。三是从中观产业层面对服务业细分行业进行研究，针对单一行业采用企业面板数据（Matthews & Zhang，2010；吕秀萍，2009），或省际面板数据（原毅军，2009；刘向东，2009；章迪平，2009）。

零售业生产率在控制和管理零售组织中起着举足轻重的作用，提供着大量诸如战术、战略以及关于零售业相关的政策决定重要的信息（Dubelaar et al.，2002）。这使得对于零售业或零售企业生产率的测算引起了许多学者的关注，并对这一主题的研究提出了大量的模型和方法（Good，1984）。从已有研究来看，对零售业生产率的测量分为对生产率的测量（Waldorf，1966；Nooteboom，1983；Ratchford & Stoops，1988；Goldman，1992；Ratchford & Brown，1985），在过去的几年中，多使用 DEA 方法来对零售业或零售企业的生产率和绩效进行研究和分析（Thomas et al.，1998；Ratchford，2003；Donthu & Yoo，1998；Keh & Chu，2003；Barros & Alves，2003，2004；Kamakura et al.，1997；Perrigot & Barros，2008），和对市场因素或者对生产率中的管理控制变量的测量（Hall et al.，1961；George & Ward，1973；Ingene，1982；Nooteboom，1983；Good，1984；Lusch & Moon，1984；Van Dalen et al.，1990）。例如，Oi（1992）分析了顾客自助服务对零售业生产率的影响，断言从商店转移到顾客身上的那部分成本可以用来增加顾客服务。这些大多数论文对零售业或零售企业的生产率从劳动力投入到货币价值进行估计（Parsons，1997）。

国内学者对于零售业生产效率的研究主要是侧重于实证考察零售企业或零售行业的运营效率方面，尤其是在测算零售业全要素生产率的基础上进行的效率对比分析，一类是从微观企业层面将我国零售企业与国外零售企业的生产效率进行对比，并分析引发这种差距的原因（尤建新和陈江宁，2007），或者单纯测算我国零售企业的全要素生产率并进一步分析效率的影响因素（汪旭晖和万丛颖，2009）；另一类是从细分行业层面对流通业展开的研究，国内的经济学体系将批发、零售以及物流等服务业细分行业统称为流通业，所以一些学者针对流通业的研究中包含了对零售业的研究内容，对本书的研究也具有重要的借鉴意义。这些研究主要是对流通业的生产效率进行测算并分析其变化趋势（刘向东，2009；章迪平，2009）。由于流通业数据获得方面的局限，还有一些学者并不是进行直接的全要素生产率测算，而是尝试构建一套流通效率测度指标体系（李骏阳和余鹏，2009）。

对已有关于零售业全要素生产率测算的文献进行归纳总结，可以发现存在的争论仍然较多，可以归纳为以下几个方面：第一，由于受到一些竞争方面政策的限制，对于处于不完全竞争的零售市场的零售企业而言，往往价格与商品和服务的成本或质量并不完全成正比；第二，衡量诸如零售业这样的非实物产出具有较大的难度，主要是因为无法准确衡量消费者接受实物商品以外的服务所产生的效应和福利；第三，投入要素的非标准化或异质性导致对投入要素无法进行精确的衡量，一个典型的例子就是现实中很难准确区分全职劳动力与兼职劳动力，实际测度中也并不区分管理者和普通职员。总而言之，诸多方面的因素导致了现在仍然对零售业生产率进行较为科学、准确的测度。即便是完全相同的行业或部门，只是因为数据来源、结构以及相关指标选取方面的差异，就可能导致测算出的生产率发生较大变化。

本书总结前人的研究成果，并在认真对比分析不同全要素生产率测算方法的利弊基础上，以我国 30 个省、直辖市和自治区零售业在 2005～2012 年的面板数据为样本，充分考虑数据结构和可获得性等条件，分别以零售业当期从业人员数和以永续盘存法计算的固定资本存量为劳动力投入指标和资本投入指标，并以零售业主营业务收入为产出指标，采用基于 DEA 投入法的 Malmqusit 生产率指数来计算我国各省、直辖市和自治区零售业的全要素生产率，具有一定的合理性和科学性，从而为进一步分析外商直接投资对我国零售业全要素生产率变化的影响奠定基础。

2.2 服务业外商直接投资的技术溢出效应

外商直接投资对我国本土零售业全要素生产率增长的影响是本书研究内容

的重要构成，而这一问题是在外商直接投资与我国宏观经济或区域经济增长之间关系的大框架下展开的。近些年来，许多国内学者也开始针对外商直接投资与我国宏观经济发展以及技术进步之间的关系展开了研究，其中有的学者在研究中采用 Cobb-Douglas 经济增长模型，有的则是采用新古典经济增长模型，而更多的研究则是基于新经济增长模型和框架展开的。

由于专门针对零售业外商直接投资技术溢出效应的研究确实偏少，使得文献搜集有一定困难，这方面的文献综述较为薄弱，而零售业属于服务行业的子行业，具备服务业的特征，可以从对服务业包括零售业的研究梳理中找到共性。虽然依据的研究理论或使用的研究方法存在或多或少的差异，但对于外商直接投资总规模增加或市场参与度提升促进我国经济发展或技术进步这一结论达成了一致。

2.2.1 外商直接投资的技术溢出效应

国外早期文献重点研究外商直接投资与经济增长的统计关系上。而后才开始关注因果关系方面的研究，在使用基于时间序列或面板数据的协整分析、VAR 模型、格兰杰因果检验等计量经济学方法的基础上，实证分析了宏观经济增长与外商直接投资之间的长期均衡关系，并且将研究对象逐渐从发达经济体向新兴经济体或欠发达国家和地区转移，而这对于外商直接投资技术溢出效应这一研究领域来说是一个较大的进步。例如，De Gregorio（1992）利用 12个拉美经济体在 1950 ~ 1985 年的面板数据，对这一时期经济增长与外商直接投资规模增加之间的关系进行了实证检验，研究发现外商直接投资对该时期拉美国家的经济增长具有显著的正向推动作用。Bevan 和 SaulEstrin（2004）以11 个中东欧过渡型经济体为研究对象，实证分析了 1994 ~ 2000 年这些经济体利用外商直接投资的情况，结果表明这些经济体在此期间内的经济快速增长与外资利用有着非常密切的联系。

Ericesson 和 Irandoust（2001）针对挪威、瑞典、丹麦和荷兰等经济体的研究发现，瑞典和挪威的外商直接投资与产出存在长期的因果关系，但是这种关系在瑞典表现为显著的双向促进关系，对丹麦和荷兰的研究没有发现显著的格兰杰因果关系，且仅存在外商直接投资对经济增长产生影响的单向关系。Shan（2002）以中国作为研究对象，首先使用 VAR 模型对中国经济增长与外商直接投资之间的关系进行了实证检验，并在此基础上使用方差分解和脉冲响应函数对这种关系做了进一步的分析和解释。该研究结论显示，中国的外资利用与其经济增长之间存在显著的、双向因果关系，一方面，外商直接投资能够显著促进中国宏观经济的增长，另一方面，中国的经济增长也促进了外资的利用规模。Chakraborty（2003）则是以 23 个发展中国家为对象就相同的议题展开了分析，并发现发展中国家的经济增长与外资利用之间也是存在显著的长期均衡关系。Gupta 和 Islam（2004）以 27 个发展中国家 1950～1973 年的统计数据为研究样本进行的分析发现，这些经济体在样本考察期内的外商直接投资对经济增长并没有明显的促进作用。

随着相关理论的不断拓展、数据可获得性的提高以及计量方法的改进，对此类问题的研究也逐步深化，其中对外商直接投资的技术溢出效应的研究是近十年来该领域的较为热门的课题，其研究成果在国际范围内较为丰富，且主要以经验研究为主。与制造业相比，由于服务业的发展时间和开放时间都相对较短，因而针对服务业外商直接投资技术溢出效应的研究也是近些年才开始发展起来。在早期的文献研究中，对于外商直接投资技术溢出效应的研究在很长一段时间都是以制造业为对象展开。而在近些年，随着服务业的兴起并在国民经济发展中占据了越来越重要的地位，无论是国际贸易还是国际投资都已经将服务业视为重要的阵地，与此相对应的是，服务业外商直接投资的技术溢出效应成为近些年来国际投资领域重要的研究议题，同时也产生了许多有价值的理论和实证类文献。但是由于服务业外商直接投资发展的时候相对较晚，所以与制造业相比有关服务业外商直接投资方面的研究还相对较为缺乏，然而绝大多数学者也都赞同外商直接投资的理论不仅仅是适用于制造业的外商直接投资，而且同样适用于服务业外商直接投资。例如，Dunning（1993）就指出虽然服务业自身的一些区别于制造业的特征，会导致其与主流的跨国投资理论不相符，甚至有些地方还会产生冲突，但是如果做一些简单的处理后，这些跨国投资理论仍然是可以适用于服务业的。

2.2.2　国内对服务业外商直接投资技术溢出效应的研究

国内学者对外商直接投资的研究主要在：一个是实证考察我国的服务业外商直接投资是否存在显著的技术溢出效应。例如，姜建平和赵伊川（2007）以我国 1994～2003 年的经济统计数据为样本，针对我国服务业经济增长与跨境资金利用规模之间的关系进行了实证研究，根据研究结论，我国服务业经济的快速发展与国外资本的大规模利用二者之间有着十分明显的正向关系。另一个是研究我国服务业增长、技术水平提升与跨国投资之间关系的方向。而近些年，已经有学者开始尝试对服务业外商直接投资技术溢出效应的机理进行探讨，并取得了积极的成果。例如，袁芳（2007）以我国广东省在 1986 ~ 2005 年的时间序列数据为样本，结合格兰杰因果关系检验和协整分析法，实证考察了外商直接投资与广大服务业发展之间的因果关系。研究结论表明，外商直接投资与广东服务业经济发展二者之间存在显著的长期均衡关系，并且外商直接投资是广东服务业快速增长的格兰杰因。同样是使用格兰杰因果关系检验和协整分析法，肖海兰（2008）实证考察了外商直接投资与我国中部地区服务业发展之间的关系。研究后发现，外商直接投资是推动服务业发展的主要动力之一，同时也会拉动服务业就业增长，但是反过来服务业的发展或者服务业就业的增加不会必然的带动外资利用规模。

采用面板数据和计量回归模型进行的研究也获得了类似的结论，较为典型的文献有，王新华（2007）以我国在 1997 ~ 2003 年的服务业各行业面板数据为样本，采用固定效应模型对服务业外商直接投资与经济增长间的短期和长期关系进行了实证分析，研究服务业领域的外商直接投资促进了我国经济的增长，不仅具有短期促进效应，也具有长效促进机制，但是这种促进作用在不同的时期存在较大的差异。欧阳光（2010）利用我国在 1978 ~ 2008 年各省、自治区和直辖市的经济统计数据进行的实证研究发现，外商直接投资对我国服务业的经济增量效应较小，具体来说外商直接投资投资规模每增加 1%，服务业增加值增加 0.24%。

随着数据可获得性的提高，还有一些学者进一步从服务业细分行业入手研究了外商直接投资与行业发展之间的关系，得到了更为细致的研究成果。例如，戴枫（2005）以我国在 1983 ~ 2002 年的经济统计数据为样本，使用格兰杰因果关系检验和协整分析法，就我国的服务业外资利用与我国服务业发展之间的关系进行了实证分析，发现我国的服务业结构在一定程度上会受到外资利用的影响，但是这种影响只是在邮电通信和房地产这两个子行业较为明显，其他行业并不明显。查冬兰和吴晓兰（2006）以江苏在 1998 ~ 2003 年的服务业各行业统计数据为样本进行的实证研究发现，进入服务业的外商直接投资会对各服务业子行业的经济增长造成不同的影响，其中正向影响最大的是房地产业，其次是交通运输、仓储及邮电通信业，在社会服务业则没有较为显著的影响。钟晓君（2009）也利用我国各省、直辖市和自治区在 1998 ~ 2008 年的面板数据进行了研究，发现我国服务业各子行业利用境外投资所产生的经济增长效应存在显著差异，研究显示交通运输仓储与通讯业、金融保险以及批发零售业和餐饮业所利用的外商直接投资每增加 1%，会促进该行业的增加值提升分别为 0. 2104%、0. 485% 和 0. 521%。

2. 2. 3　文献评述

通过对国内外文献的梳理，可以得出以下几个方面的主要结论：

（1）在理论研究上，针对外商直接投资的研究主要侧重跨国企业的发展及其对东道国的影响，以及跨国投资与东道国经济增长的关系；而最近几年研究的焦点主要集中在外商直接投资的技术溢出效应。对于外商直接投资的技术溢出效应是否存在这一问题，学者们研究的基本问题是：外商直接投资溢出效应在特定国家特定时期的存在性。在这一问题上，已有的研究通常会涉及以下三个问题。第一，当年是否存在外商直接投资的溢出效应；第二，外商直接投资的溢出效应是否具有时滞性；第三，外商直接投资的溢出效应是否具有增量效应。针对以上问题，学者们一般会建立一个基础模型，通过采集相关国家数据对模型进行检验，以检验的基本结果来说明外商直接投资的行业内溢出效应在样本范围内是否真实地存在。

（2）在实证方法上，有的研究采用计量回归分析，有的学者采用面板数据检验，还有的则是使用协整分析和格兰杰因果关系检验。由于使用的样本和研究方法上的差异，研究获得的结论之间也存在差异，但是对于服务业外商直接投资的技术溢出效应的存在性，绝大多数的研究都是持认可态度的，即外商直接投资所产生的技术溢出效应能够促进东道国本土服务业技术水平提升和生产率增长，只是这种技术增长效应在不同的服务业细分行业有所区别。

（3）研究外商直接投资与服务业全要素生产率关系的文献较少。从已有的国外相关研究来看，大多数是针对服务业增加值或者其他能够衡量服务业发展状况指标与外商直接投资之间的关系，针对服务业外商直接投资对服务业全要素生产率影响这一问题开展研究的文献相对较少（Marel & Erik，2012）。Waldkirch（2010）考察了外商直接投资流入对 OECD 国家服务业全要素生产率的影响，他特别地关注投资来源，类型和目标产业潜在的不同效应，而之前的文献很少关注这些方面的问题。例如，Griffiths 和 Sapsford（2004）指出，假设东道国有足够高的吸收能力，来源于不同国家的外商直接投资，更近世界技术前沿国家的外商直接投资比来源于不那么先进国家的外商直接投资对全要素生产率有更大的影响。外商直接投资流入劳动密集型产业可能会产生较少的技术溢出或者对产业全要素生产率没有正向影响。Marel 和 Erik（2012）则将政府规制变量引入模型，得到两个主要结论：第一，随着时间推移放松外商直接投资的限制服务业部门会变得更有竞争力，逐步放开跨境投资的相关政策，对于扩大外商直接投资技术溢出效应的范围和强度起到较为关键的作用；第二，服务业部门外商直接投资的增长另一个有力的因素是信息和通信技术作为资本要素的投入带来的增长。他们的实证结果还表明放松外商直接投资进入限制服务部门有利于信息通信技术资本的扩张能显著地解释服务业外商直接投资的增长。

（4）从研究所采用的数据结构看，有的学者采用宏观数据或行业数据，而还有一些学者的研究则是以微观企业数据为样本，而不同的数据结构往往导致迥异的研究结论。大量实证研究发现，使用企业数据计算得到的效率外溢结果往往有正有负，而使用产业数据得到的结果往往显示为正，从而支持外资具有明显外溢效果的论断（Saggi，2002）。原因是外资促成资源重组效应：外资进入东道国，提高了内资市场上的竞争度，那些效率最低的企业被迫退出市场，其所释放出来的富裕资源被效率较高的企业所吸收后，然后进一步扩大企业规模，这就导致了产业和经济体整体效率水平的提升。显然，这种资源重组效应是无法通过企业数据分析发现的，从这个角度来看，使用行业数据似乎更有利于外商直接投资的技术溢出效应等相关问题的研究。

2.3　外商直接投资技术溢出效应的影响因素

2.3.1　外商直接投资衡量标准

在针对外商直接投资技术溢出效应的研究中，尤其是实证类文献中，外商直接投资无疑是最为核心的解释变量，因而对外商直接投资采取不同的衡量方法，直接关系到研究的结论。从已有研究来看，主要有两种外商直接投资的衡量方法：

（1）外商直接投资的总规模，这种衡量方法采用的时间较早，可以一直追溯到 20 世纪 50 年代后期，基于国际贸易理论的基础模型，把外商直接投资简单看成国家间的资本流动，探讨国际资本流动的增加对贸易及社会福利的影响（Macdougall，1960）。从 20 世纪 70 年代开始，跨境投资在国际技术进步方面的作用受到学者的广泛关注，许多文献在分析跨境投资对东道国技术进步或生产率提升的影响时都选取了外商直接投资的投资总额作为解释变量（Du，

Harrison & Jefferson，2011；汪旭晖和杨东星，2011；胡朝霞，2010；查贵勇，
2009；王新华，2007；查贵勇，2007）。

（2）外商直接投资的参与度，这也是近年来外商直接投资技术溢出效应
研究中较为流行的一种外商直接投资衡量方法。大多数学者认为，外商直接投
资的溢出效应应该体现在外商直接投资所在行业的内资企业的劳动生产率或全
要素生产率与该行业中的外商直接投资的参与程度的关系方面。一般有三种选
择反映外资的参与程度：采用外资企业的销售收入、外资企业的资产和外资企
业的雇员分别占行业的同类指标的比例。例如，Kokko（1994）构造了用于检
验外资企业与内资企业相互竞争的两个模型：第一个模型中将内资企业的劳动
生产率作为被解释变量，将外资企业的劳动生产率作为解释变量，以此来分析
外资企业生产率对内资企业劳动生产率的影响。第二个模型被解释变量是外资
企业的劳动生产率，将外资企业的行业参与度作为解释变量，来实证分析外资
企业的劳动生产率是如何受到内资企业竞争的影响。作为解释变量的劳动生产
率前的系数正负则表示内外资企业相互竞争结果的性质。竞争压力而产生的溢
出效应可以是相对独立的，也就是说，是可以与以往所衡量的外商直接投资溢
出效应并存。除此之外，还有一些学者认为外商直接投资在行业中的参与程度
往往与外资政策制定直接相关，而外资政策显然是影响外商直接投资技术溢出
效应的一个非常关键的政策因素。

2.3.2　外商直接投资的来源国

不同的外商直接投资的来源或跨国企业的所属国，也会对外商直接投资的
技术溢出效应产生重要影响（Girma & Wakelin，200；Banga，2003；Huang，
2004）。但已有研究中的大多数都是从宏观或整体角度对外商直接投资的技术
溢出效应展开研究，在具体分析中区分外商直接投资不同来源对外商直接投资
技术溢出效应的影响的文献很少（Hu & Jefferson，2002）。相关具有代表性研
究主要有：Girma 和 Wakelin（2001）研究了英国 1988～1996 年企业在技术溢
出效应方面的差异。根据研究结论，不同国家或地区的外商直接投资在技术溢
出的范围和程度方面有着较大差异，在选定的样本中，日本企业的外商直接投
资溢出效应最大，而美国跨国企业的外商直接投资溢出效应则相对较小。与
Girma 和 Wakelin（2001）的研究结论有所不同，Haskel 和 Slaughter（2002）
通过研究表明，英国本土企业全要素生产率受到来自法国和美国外资的正向影
响，而受到来自日本的外资的负向影响。

也有学者针对欠发达国家或地区以及新兴经济体展开类似的研究，例如，Hu 和 Jefferson（2002）利用我国纺织业和电子制造业的调查数据为样本，实证分析了不同来源地的外资（主要是来自 OECD 成员国的外资以及来自港澳台地区的外资）对我国本土企业技术水平的影响。研究结果表明，港澳台地区的外资在我国产生正的技术溢出效应，而来自 OECD 成员国的外资则产生了负的技术溢出效应。Hu 和 Jefferson（2002）认为可能的原因之一是来自 OECD 成员国的跨国企业拥有更高的技术水平，从而导致了更为激烈的市场竞争。Banga（2003）对印度的研究则表明，相对于美国企业，来自日本的外商直接投资会产生更多的技术溢出效应。

Javorcik 和 Spatareanu（2004）以罗马尼亚为研究对象，分别考察欧洲、亚洲和美洲三个地区外商直接投资对罗马尼亚本土企业生产率的影响。依据研究结果，来自欧洲的跨国投资会对罗马尼亚的上游企业生产率产生抑制作用，而来自亚洲和美洲的跨国投资则会对罗马尼亚的上游企业生产率产生积极的促进作用，这也从另一方面证明了来自亚洲和美洲的跨国公司在罗马尼亚有着更强的采购动机。JR-Tsung Huang（2004）利用劳动生产率和全要素生产率经验模型对 1993 年、1994 年和 1997 年进入中国大陆的外商直接投资按照来源地区分为港澳台地区和其他地区两组，并进行计量回归分析，结果显示，在技术差距大的地区港澳台地区的溢出效应明显，技术差距小的其他地区外资溢出效应明显。

近些年来国内也有一些学者从外商直接投资来源地的角度对外商直接投资的技术溢出效应展开了研究，比较有代表性的研究有：李立新等（2002）研究了不同来源的外商直接投资在我国产生的技术溢出效应方面的差异，他们研究后发现不同来源的跨境投资会对我国本土企业的生产率产生显著不同的影响，其中欧美发达国家的技术溢出效应更为明显。李铁立（2006）对中国1993 年、1997 年和 2003 年进入的外商直接投资研究显示，来自港澳台地区的外资对于技术差距较大的地区溢出效应明显，而来自其他国家的外资对于技术差距较小的地区溢出效应明显。孟亮等（2005）以我国在 2001～2002 年 30 个省、自治区和直辖市的面板数据为样本，实证考察了不同来源地的跨境投资是否产生不同范围和程度的技术溢出效应。他们的研究表明，对比之下，港澳台地区的外资企业对我国本土企业的生产率产生了较为明显的促进作用，而其他来源的外资则未能产生较为明显的技术溢出效应。陈福中和刘向东（2013）研究了开放经济条件下外资来源地不同对东道国流通产业文化差异和技术差距的影响。这些研究从不同角度证实了不同投资来源是影响外商直接投资技术溢出效应的重要因素之一。

　　基于 Feder（1982）的研究思路，王荣艳（2008）就不同来源地的外商直接投资对中国东部地区和中西部地区分别进行研究，发现港澳台地区企业在东部地区具有正的技术外溢效应，在中西部地区不具有显著的外溢效应；日韩企业在东部地区不具有显著的技术外溢效应，在中西部地区具有正的技术外溢效应；欧美企业在东部地区具有正的技术外溢效应，在中西部地区具有负的技术外溢效应；离岸金融中心外商直接投资在集中流入的东部地区产生了显著为负的技术外溢效应。周慧（2011）则创新性的基于贸易价格的视角来分析不同来源地外商直接投资在技术溢出效应方面的差异，同样发现了不同来源国外商直接投资所产生的技术溢出效应存在显著差异。

2.3.3　技术吸收能力

　　随着研究的深入，越来越多的学者发现，外商直接投资技术溢出效应的产生并不是必然的，需要一定的条件和环境，而东道国的吸收能力是影响外商直接投资技术溢出效应的因素中较为核心的一个。已有研究中涉及的外商直接投资行业技术溢出效应的影响因素主要有内外资的技术差距、市场集中度或竞争程度、资本密集度以及所在地区的人力资本水平（技术吸收能力）等几个方面。①

2.3.3.1　内外资行业的技术差距

　　各个国家或地区引进外商直接投资的目的是期望能给东道国带来先进的技术，希望最大限度地提高外商直接投资技术溢出效应的范围和程度，因此，作为影响外商直接投资技术溢出效应的关键因素，探讨行业的技术差距对外商直接投资技术溢出效应的影响是非常重要的。目前对于外商直接投资技术溢出效应与内外资的技术差距二者间的关系，主要观点可归纳为以下三类：第一种观点认为内外资技术差距与外商直接投资技术溢出效应之间是一种正相关关系，

---

　　①　还有的学者将技术差距和吸收能力视为影响外商直接投资技术溢出效应的两个并列因素，即认为在影响外商直接投资技术外溢的诸多因素中最为关键的变量有两个：一是内外资企业之间的技术差距，它是技术外溢的产生前提；二是内资企业的吸收能力，它是技术外溢的形成关键。而本书认为技术差距是影响技术吸收能力的重要因素之一，故而将其纳入到技术吸收能力因素框架内进行统一分析。

该观点的核心思想是随着内外资技术差距的扩大，内资企业模仿、学习和吸收先进技术的空间也就越大，外商直接投资技术溢出效应产生的可能性也就越大（Findlay，1978；Haddad & Harrsion，1993；Sjoholm，1999；Kokko，1994；Liu，2000；张建华，2003）。第二种观点认为内外资技术差距与外商直接投资技术溢出效应之间是一种反向关系，即更小的内外资技术差距才有利于外商直接投资技术溢出效应的产生，这种观点的核心思想是一旦跨国企业与东道国本土企业之间的技术差距扩大，则本土企业没有学习和吸收跨国企业带来的先进技术并提高自身的生产率（Cantwell，1989；Haddad & Harrison，1993；Kokko，1996；Imbriani，Reganati & Imbriani，1997；Liu & Parker，2001；陈涛涛，2003）。此外还有学者提出了第三种观点，即认为外商直接投资的技术溢出效应与内外资技术差距这一因素之间是一种非线性的关系。无论是过小或者过大的内外资技术差距都不利于东道国企业对先进技术的学习、模仿和吸收。只有内外资的技术差距保持在一个合理的区间内，才能够使得外商直接投资的技术溢出效应最大化。一方面，如果内外资企业的技术差距过小，内资企业不会也没有必要耗费大量的成本从外资企业那里获得很小的技术提升空间；另一方面，如果内外资企业的技术差距过大，则内资企业又会因为缺乏足够的技术吸收能力，生搬硬套只会让自己"消化不良"（Wang & Blomstrom，1992；高山行等，2007）。①

内外资企业之间技术差距的大小，可能受到外商直接投资投资企业内部和东道国外部多种因素的共同影响。这些因素主要包括：

（1）外商直接投资的所有权安排。建立独资子公司而非合资的投资者往往拥有更先进的技术和更知名的品牌，因而与内资企业的技术差距可能更大（Stopford & Wells，1972）。②

（2）外商直接投资的战略动机。跨国公司从事跨境投资的目的或动机往

---

① 两项似乎冲突的结果实际上那个意味着，技术差距因素所起的中介变量的作用。Girma（2005）把这一作用性质称为吸收能力与技术外溢的非线性门槛效应。即：技术差距不应当太小，否则提升的空间就会太小；也不应当太大，否则外商直接投资不可能产生预期的溢出效果。适度的技术差距是产生外商直接投资技术外溢的前提，如果没有可溢入的去处，就不会有溢出。

② Mansfield 和 Romeo（1980）研究发现，在发展中国家开设的合资企业引进的技术通常会比独资子公司引进的技术晚 3～4 年，因而与内资企业的技术差距较小。Ramachandran（1993）、Lee 和 Mansfield（1996）发现，独资子公司管理人员和技术人员的流动多于合资企业。但也有研究称，合资企业一般会比独资企业产生更强的技术转移和外溢效果。

往可以归纳为以下几类，即市场寻求型、资源寻求型、战略资源寻求型以及效率提升型等（Dunning，1993）。①

（3）外商直接投资的投资来源。不同的跨境投资来源地、进行跨境投资的跨国企业所拥有的技术水平、跨国公司与东道国本土企业的技术差距等方面的差异，会导致外商直接投资所产生的技术溢出效应范围和程度的不同（Dunning，1988，1994）。

2.3.3.2　人力资本水平

有关东道国自身学习、模仿和创新能力即"技术吸收能力"对外商直接投资在东道国的行业内技术溢出的研究已经成为行业内技术溢出的一个重要领域，而其中人的因素无疑在吸收能力中扮演了极为重要的角色。这是由于外商直接投资技术外溢的最终形成取决于内资企业的学习和吸收能力，具体包括技术、知识的吸收、消化和创新能力以及对（曾在外资企业供职）人才的吸引力。

现有文献对人力资本与外商直接投资关系或者外商直接投资的技术溢出效应问题的研究中，已经达成的一个基本的共识就是东道国要能够吸收到外商直接投资技术外溢效应，必须要达到一个最低的人力资本水平，即人力资本门槛，因而绝大多数的研究都是用人力资本水平来衡量技术吸收能力（刘艳，2012）。Teece（2003）经过研究后发现，即便内外资企业的技术差距很大，但是如果东道国拥有较高的人力资本水平，那么东道国本土企业仍然能以较快的速度学习和吸收国外先进技术，从而外商直接投资的技术溢出效应仍然很明显。但是如果在内外资技术差距较大的同时，东道国的人力资本水平偏低，那么跨境投资的外国企业将会对本土企业的技术水平提升产生制约作用，进而产生挤出效应，从而不利于外商直接投资技术溢出效应的产生。Girma（2005）的研究也指出，确保外商直接投资技术溢出效应显著的一个关键因素就是东道国具有一定的人力资本水平，如果缺乏良好的人力资

---

① 唐宜红（2010）研究发现进入发展中国家的外商直接投资绝大多数是市场寻求型的，而在东道国市场导向型的外商直接投资通常不会使用母公司最先进的技术，因而外资企业和东道国内资企业的技术差距较小。由于此类投资要面向国内市场，其在国内的采购比例较高，发展配套产业意愿较强，适应性研发行为也较为积极，因而产生溢出效应的可能性也较大。此类投资面向国内市场，对民族产业的冲击往往较强烈和直接。Girma（2005）发现，技术利用型的外商直接投资能提高东道国内资企业的生产率，技术寻求型的外商直接投资未产生此类技术外溢效应。

本相配合，那么外商直接投资在东道国产生的技术溢出效应的范围和程度都是小的，甚至是不明显的。

国内也有一些学者对此类问题展开了研究，而绝大多数的文献也都发现各地区在外商直接投资技术溢出效应显著性方面的差异一定程度上与地区之间的人力资本水平差异相关。例如，刘艳（2012）经过研究后发现，相对于制造业部门而言，服务业领域的外商直接投资在技术的密集程度、技术溢出效应等方面有着一定的优势，但是东道国本土企业是否能够较为充分的利用外商直接投资的技术溢出效应来实现自身技术水平的提升，在此过程中东道国本土企业的技术吸收能力扮演着极为关键的作用。甚至可以说，从技术溢出效应的产生到技术引进到技术的吸收再到最后的技术应用，整个过程中人力资本始终在发挥着极为重要的作用，对整个服务业的外商直接投资技术溢出效应产生关键性的影响。

2.3.3.3　行业特征

影响外商直接投资技术溢出效应除了内外资的技术差距、以人力资本水平衡量的吸收能力之外，跨境资本进入的东道国行业自身所具备的一些特征也会对技术溢出效应的显著程度产生影响。概括起来，这些行业特征主要包括以下两个方面：一个是行业的市场集中度以及由此带来的竞争程度，另一个重要特征则是行业的资本密集度。

（1）行业的竞争程度（或行业集中度）。Kulger（2006）认为竞争机制是外商直接投资技术溢出效应产生的核心机制。Kulger（2006）研究发现，当跨国企业在投资国市场遭遇强大的竞争压力时，为了维持和巩固市场份额，这些拥有先进技术的外资企业只能通过向东道国的子公司或分公司转移更多的先进技术以增加其市场竞争力。所以更为激烈的市场竞争往往会导致外商直接投资技术溢出效应更为显著、范围更加广泛。但 Fosfuri 等（2001）等人的研究又表明，前面的情况并不一定发生，更为激烈的市场竞争有时候会迫使跨国公司通过采取多种措施来加强对其先进技术的保护，减少了先进技术外溢的可能性。从这个角度来看，市场竞争的加剧又会降低外商直接投资技术溢出效应的显著性。

Kokko（1994）在采用技术差距进行分组时，原来在基础方程中并不显著的 Herfindahl 指数分别在技术差距大与小的两组中都变得显著了，并且符号相反。这反映出，当技术差距小的时候，Herfindahl 指数越高，越对企业的劳动生产率有利。Kokko 对检验结果的解释援引了 Blomstrom（1986）的解释方法；相反，技术差距大的时候，检验的结果是集中度高将有碍于外商直接投资溢出效应的产生。Blomstrom（1986）以墨西哥为研究对象，首先测算了体现市场集中度或竞争程度的 Herfindahl 指数，并将其作为研究墨西哥企业生产效率提升中的关键解释变量。该研究发现，企业生产效率的提升幅度与 Herfindahl 指数呈现正相关的关系，而这一实证结论与预先的理论假设并不相符。在理论上，通常认为 Herfindahl 指数越低，则竞争就越积累，进而更加有利于技术溢出效应的产生。

Blomstrom（1986）引用 Carlsson（1974）的解释，就是在一个竞争不充分且具有高度市场保护的市场上，Herfindahl 指数并不是反映市场力量，而是更多的体现了企业的规模效应。所以 Blomstrom（1986）的研究结果反映出企业规模越大，则规模经济实现的可能性就越大，也越能够促进生产率的提升。陈涛涛（2003）的研究表明，外商直接投资进入东道国某一行业的竞争越充分，外商直接投资技术溢出效应产生的可能性也就越大。尤其是在内外资企业技术差距较小的行业内，随着内外资企业之间充分、有效的竞争，外商直接投资技术溢出效应产生的可能性也就越大。所以，行业的集中度以及与此密切相关的市场竞争程度对外商直接投资技术溢出效应的影响并不确定，起码已有研究并未在这一问题上达成共识，究竟何种程度的市场集中度最有利于外商直接投资技术溢出效应产生，还需要做更为深入的研究。

行业集中度或市场竞争程度对外商直接投资技术溢出效应范围和大小的影响还可以从另一个方面得以体现，即行业中企业的规模。Aitken 和 Harrison（2001）在对委内瑞拉的研究中，根据企业规模对样本进行分组。研究结果发现，不管企业的规模如何，外商直接投资变量前系数估计值的符号都是负的，说明外商直接投资的进入对内资企业的影响是负面的；在显著性方面，只有企业规模小的一组是显著的，从而进一步说明，外商直接投资造成的负面效应主要集中反映在不能有效地与外资企业进行竞争的本地小企业上面。

（2）资本密集度。Blomstrom 和 Wolff（1994）以墨西哥为对象展开的研究发现，与其他行业相比，拥有较高资本密集度的行业中，内资企业劳动生产率的增长速度偏慢，同时对外资企业先进技术的学习速度也明显偏低。Blomstrom 和 Wolff（1994）的结果意味着：当从外资企业获取新技术所需要的投资较少时对内资企业劳动生产率的提高会相对容易。他们还发现在资本密集度增长较慢的行业中，内外资企业劳动生产率的差距缩小得较多，因为在增长较慢的行业中，外资企业的进入造成的竞争压力相对较大，内资企业要么努力提高，要么就会被逐出市场。

2.3.4 文献评述

从已有研究来看，无论是国际范围内的研究还是国内学者的研究，对于外商直接投资服务业的技术溢出效应这一问题基本达成共识，即外商直接投资能够促进东道国本土行业技术水平或生产率的提升。但同时学者们也同样认同，外商直接投资的行业技术溢出效应不是与生俱来或一成不变的，期间会受到多种因素的影响，这些因素既有来自外商直接投资来源国的，也有来自东道国内部的，这些因素交织在一起互相作用，共同作用于外商直接投资的技术溢出效应，使其表现出迥异的特征。

不同的外商直接投资来源地会对技术溢出效应产生最为直接的影响，而近期许多有关外商直接投资技术溢出效应的文献也开始关注到这一问题并开展了较为细致的研究。然而从已有相关文献来看，何种来源的国外资本更能够促进东道国本土企业生产率的提升，或者哪种来源的外商直接投资能够产生更为明显的技术溢出效应，学者们并未达成一致，有的认为来自拥有更为先进技术水平国家或地区的外商直接投资更有利于产生技术溢出效应，而有的则认为来自技术差距较小的国家或地区的外商直接投资更能促进东道国技术水平的提升。由于研究的对象、采用的样本数据结构以及所使用的实证方法的不同，所得出的结论也存在着较大的差异。从我国利用外商直接投资的实际来源来看，可以大致划分为港澳台地区投资（THM）和其他外商投资（OFC）两种类型，其中港澳台地区资本一直占据着较大比重。由于港澳台地区投资和其他外商投资在项目规模、产业投向、技术含量、区域分布等方面均存在明显差异。因此，考察我国外商直接投资技术溢出效应时有必要将其划分为来自港澳台地区的投资和来自其他外商的投资，考察不同来源地外商直接投资技术溢出效应的异同。

衡量外商直接投资有两种方法，一种是外商直接投资的总规模，即在实证研究中以外商直接投资的当期总量作为核心解释变量纳入模型中，考察随着外商直接投资总量的变化，东道国本土行业或企业的生产率发生怎样的变化，这在早期的研究中较为常见，而且即便在现在的相关研究中有些学者仍然会采用这种衡量方法。另一种衡量方法是外商直接投资的市场参与度。实际研究中，采用外资企业的销售收入、外资企业的资产和外资企业的雇员分别占行业的同类指标的比例作为核心解释变量，考察随着市场参与度的不同，外商直接投资技术溢出效应的范围以及程度将会发生怎样的变化。

东道国本土企业的技术吸收能力是影响外商直接投资技术溢出效应的较为核心的因素之一。绝大多数通过研究认为，对先进技术和管理等方面的吸收能力往往取决于东道国企业自身的技术水平、生产条件和学习能力等。已有研究中涉及的外商直接投资行业技术溢出效应的影响因素主要有内外资的技术差距、市场集中度或竞争程度、资本密集度以及所在地区的人力资本水平（技术吸收能力）等几个方面。目前对于外商直接投资技术溢出效应与内外资的技术差距二者间的关系，主要观点可归纳为以下三类：第一种观点认为内外资技术差距与外商直接投资技术溢出效应之间是一种正相关关系，该观点的核心思想是随着内外资技术差距的扩大，内资企业模仿、学习和吸收先进技术的空间也就越大，外商直接投资技术溢出效应产生的可能性也就越大。第二种观点认为内外资技术差距与外商直接投资技术溢出效应之间是一种反向关系，即更小的内外资技术差距才有利于外商直接投资技术溢出效应的产生，这种观点的核心思想是一旦跨国企业与东道国本土企业之间的技术差距扩大，则本土企业没有学习和吸收跨国企业带来的先进技术并提高自身的生产率。第三种观点认为外商直接投资的技术溢出效应与内外资技术差距这一因素之间是一种非线性的关系。无论是过小或者过大的内外资技术差距都不利于东道国企业对先进技术的学习、模仿和吸收。只有内外资的技术差距保持在一个合理的区间内，才能够使得外商直接投资的技术溢出效应最大化。东道国行业的行业特征主要涉及市场集中度、资本密集度等，目前对于怎样的行业特征更有利于外商直接投资的技术溢出，学者们也并未达成一致意见。最后是人力资本水平，通常认为这是与东道国的技术吸收能力最为密切，而大多数研究也认为只有在拥有一定的人力资本存量时，才有可能产生外商直接投资的技术溢出效应。

2.4　外商直接投资与零售业全要素生产率增长

中国零售业在业态、业制、规模和技术发展与成熟的世界发达国家零售业相比存在一定的差距。中国零售业缺少的不是资金实力，缺少的是现代化经济管理技术和超越自我对中国未来流通业发展前瞻性的预见和把握（张立，2002）。

2.4.1 外商直接投资与零售业全要素生产率之间的关系

如果利用外商直接投资只是通过外商直接投资企业的全要素生产率提高我国零售业的技术进步，国内企业的全要素生产率并没有得到相应的提升，那么，外商直接投资并不能从根本上增强我国零售业的技术进步。因此，在研究零售业利用外资的过程中，必须研究外商直接投资对我国本土零售企业技术水平或全要素生产率的影响。目前国内学术界针对制造业或服务业整体的外商直接投资技术溢出效应的研究已经取得一定的成果，但是，大多数文献在具体研究中并没有对内外资零售业的全要素生产率变化情况做具体区分，这就导致了无法区分我国零售业整体全要素生产率的提升究竟是由内资企业还是外资企业，或者是二者共同作用引起的。

然而从国内学者的研究来看，专门针对零售业的外商直接投资技术溢出效应或者外商直接投资对我国本土零售业全要素生产率影响的文献并不多。其中具有代表性的文献主要有：祝波和洪忆凯（2005）定性归纳了零售业外商直接投资溢出效应的四个体现：零售业业态的变迁、零售业经营模式的变迁、零售业经营理念的改变、东道国企业吸收能力和创新能力的形成。胡春燕（2006）在对外商直接投资与我国零售业市场集中效应进行定性研究是发现，外商直接投资与发展中东道国目标市场集中度之间存在着明显的正相关关系。祝波和朱连庆（2006）通过研究不同阶段的零售业外商直接投资外部效应时，把外商直接投资进入中国划分为三个阶段：第一阶段是初始进入阶段，在这一阶段外资企业的基础效应大于外溢效应；第二阶段是充分竞争阶段，在这一阶段外资的技术溢出效应更为显著，同时挤出效应则开始不断减少；第三阶段是均衡阶段，多是产生外溢效应。他们认为中国零售业目前处于第一阶段还没真正进入第二阶段。

2.4.2 外商直接投资促进零售业生产率提升的机理

Esteban 和 Matea（2003）通过一个案例说明了外商直接投资对西班牙零售业生产效率的影响，更为具体地说，是在西班牙的跨国公司（如家乐福）如何通过影响西班牙的通信技术来对本土零售业生产率产生积极的影响。Esteban 和 Matea（2003）的研究表明，西班牙零售业受信息通信技术的影响。尤其是在 20 世纪 90 年代，这些技术的引进主要来自于在西班牙经营的跨国公司，西班牙的公司采纳这些技术作为确保其生存的防御机制，而信息和通信技术的引进与部门和商业协会的不断支持有关。这些技术包括技术和管理创新的植入（如扫描仪系统，电子数据交换（EDI）的植入，快速消费者响应（ECR），租用柜台推销，直销产品的盈利能力（DPP）作为更好的顾客满意度的竞争优势来源应该被强调）。在这些技术里面，EDI 最有利于零售部门技术的发展。它由一个系统构成，允许商业和行政之间的数据交换根据预先定义的标准进行。这个技术的创新，结合技术进步旨在提高生产过程和客户服务，给公司带来三种好处：一是电子信息技术的革新直接节约文件处理的成本；二是间接地提高了企业内部组织的效率，从而改变供应商和客户的关系；三是更快的信息更新和传递，有利于和顾客、供应商更紧密的联系（Dearing，1990；Jime'nez & Polo，1998）。EDI 是的西班牙的零售企业在信息传递方面拥有更快的速度和更大的便捷性，从而提高了效率，大大节约时间、资源和成本，同时增加了保密性。EDI 从 1990 年开始在西班牙的零售部门试点，此后经历了快速增长时期，尤其是在 1996 ~ 1999 年（Sa'nchez & Luque，2001）。此外，外商直接投资导致的另一个重要的管理创新是快速消费响应（ECR），这是一种全球领先的管理模式，借助这种管理模式可以在最短的时间内以较小的成本搜索、发现和消除现有产品价值链中低效率（其目的是要提供更大的附加价值给顾客并降低分销系统的总成本）。还有直销产品的盈利能力（DPP）、品类管理（销售点管理产品选择）或空间管理（线路管理）等都与使用的计算机程序（技术）、提高销售收入和零售企业利润相联系。

Esteban 和 Matea（2003）的研究还专门指出，作为一个整体，特别是关于零售部门的生产率提升，影响到其他领域，从供应商系统接到订单、库存管理、物流、销售技术、顾客服务和机构和分支网络的管理。在这个意义上，这些管理技术和创新通过有利于新产品和新服务的开发，并改变着零售企业的产品结构和管理风格，进而改变了环境的竞争结构和社会行为习性。特别需要指出的是，他们增加了复杂的实时操作能力，并更有效地管理成本结构。这种影响最终将转换为增加的生产率、改善服务质量以及提高决策制定过程的效率。

由于我国的零售业包含在流通业中，因此许多针对流通业外商直接投资技术溢出效应的研究对本书具有重要的借鉴意义。汪旭晖和黄睿（2011）研究流通业外商直接投资技术溢出效应的作用机理后，将技术溢出效应发生的路径归纳为三个方面，即示范效应、竞争效应以及人力资源流动效应。在实际中，这三种效应并不是孤立且单独发生作用的，而是相互影响、相互作用、相互引发的关系。任何一种效应都有可能是受其他两种效应影响或作用的结果，而也可能成为激发其他两种效应的因素。例如，跨国流通企业进入我国流通市场，必然会对国内的流通企业产生影响，进而导致了竞争效应，这就迫使国内的流通企业加速学习、模仿和吸收国外企业的先进管理理念和生产技术，并通过这种方式来提高自身的竞争能力，从而导致了外资流通企业示范效应的产生。与此同时，国内流通企业还会通过多种方式或手段吸收外企流通企业中具有先进管理经验或技术的优秀人才，从而导致了人力资源流动效应的产生。

2.4.3 文献评述

自 2004 年我国全面开放零售业到现在已经过去了十年，在这不断开放的十年里，进入中国市场的外资零售企业在带给国内零售企业持续竞争压力，并在客观上促进了内资零售企业自主创新和提升技术水平的动力，同时也带来了先进的零售业态、管理经验、创新理念、现代零售技术以及服务意识等，很大程度上促进了我国本土零售企业的发展和壮大。许多学者都一直认为，目前零售业已经成为我国市场程度最高，竞争最为充分的行业之一。从已有研究来看，无论是国际范围内的文献还是国内学者的研究，大多数针对服务业外商直接投资技术溢出效应的，专门针对零售业的外商直接投资技术溢出效应或者外商直接投资对我国本土零售业全要素生产率影响的文献并不多，尤其是实证类的文献更为偏少。

虽然绝大多数研究者都认同服务业的外商直接投资技术溢出效应是显著存在的，但也不必然意味着外商直接投资对我国本土零售业技术水平或生产效率的提升是显著促进的，而对这一问题的回答显然需要更为充分的研究，尤其是需要经验证据的支撑，并对如下的问题开展系统性的研究：第一，从整体上看，外商直接投资对我国本土零售业全要素生产率的增长是否存在显著的促进作用？如果存在，这种促进作用是短期的还是长效的？第二，不同来源国或地区的外商直接投资在我国本土零售业的技术溢出效应是否存在差异？哪种来源的外商直接投资更有利于我国本土零售企业学习、模仿和吸收国外的先进技术以提升自己的竞争能力？第三，理论上外商直接投资促进我国本土零售业全要素生产率增长的途径或机理是怎样的？第四，从理论和实证两个层面看，影响我国零售业外商直接投资技术溢出效应的影响因素有哪些？现阶段我国又该如何通过政策引导和制度规范，来最大限度地鼓励本土零售业利用外商直接投资的技术溢出效应来提升自己的技术水平和竞争能力？以上这些都是本书致力于研究的问题。

2.5　本章小结

　　本章首先从服务业生产率度量历史沿革文献分析着手引出作为服务业重要组成部分的零售业全要素生产率的研究，并对这一研究进行了文献评述。其次由于专门针对零售业外商直接投资技术溢出效应的研究，由于相关研究确实偏少，这块文献综述较为薄弱，而零售业属于服务行业的子行业，具备服务业的特征，可以对从服务业包括零售业在内的研究梳理中找到共性，然后对这一研究进行了文献评述。再次从外商直接投资的投资规模和参与度、外商直接投资的来源国和技术吸收能力（内外资行业技术差距、人力资本水平、行业特征）不同的视角，分析中国零售业外商直接投资技术溢出效应的影响。最后，从外商直接投资与中国本土零售业全要素生产率之间关系和外商直接投资促进零售业生产率提升的机理出发展开了文献的梳理和评述。

第3章 中国零售业外商直接投资技术溢出效应：一个理论分析框架

本章主要在相关理论基础上，结合已有研究来构建中国零售业外商直接投资技术溢出效应及其影响因素的理论分析框架。研究外商直接投资对中国零售业全要素生产率的影响包括两个方面的内容：一是研究外商直接投资流入所产生的技术外溢对中国零售业全要素生产率的影响，它不是外商直接投资流入自动产生的结果，而是取决于需求方（东道国）和供给方（母国）两方面的因素，如外商直接投资异质性、技术差距、东道国吸收能力、行业特征等。二是研究外商直接投资流入通过什么方式影响零售业全要素生产率，即零售业外商直接投资技术溢出效应产生的路径或作用机制。

3.1 零售业外商直接投资技术溢出效应：短期作用与长效机制

外商直接投资的技术溢出效应是指由于外商直接投资所带来的"一揽子"资源对内资企业所带来的非自愿技术扩散或者由于其进入而对内资企业原有扭曲的纠正所产生的准租金，而外商无法获取全部收益的一种经济外部性。外资直接投资所产生的技术溢出效应又有狭义技术溢出效应和广义技术溢出效应之分。狭义的外商直接投资技术溢出效应主要是指外商直接投资对东道国企业或行业层面的影响，例如，对东道国企业或行业的全要素生产率、人均劳动生产率、创新能力和技术水平等方面的影响；而广义的外商直接投资技术溢出效应主要是指外商直接投资对东道国宏观层面的影响，例如，对东道国的 GDP 增长、宏观经济发展、资本存量、就业、进出口贸易以及国际收支等方面的影响。

一直以来，跨国投资理论都是以制造业部门而不是服务业为核心研究对象的。其中一个极为重要的原因就是在第二次世界大战之后，外资直接投资规模迅速增加绝大多数都是通过制造业国际化来实现的。近些年来，对于服务业、服务经济以及服务业国际化的研究也开始逐渐增多，一些学者开始尝试构建以服务业为主体的新的跨国投资理论。

　　从已有的理论来看，以工业部门为研究对象的跨国投资理论主要包括：垄断优势理论、产品生命周期理论、内部化理论以及国际生产折衷理论等。其中垄断优势理论是最早与跨国投资相关联的理论，Kindleberger（1969）和 Hymer（1976）提出了垄断优势理论，从而奠定了跨国投资理论的基础。垄断优势理论的主要思想可以归纳为：由于在习俗、语言、文化、距离、法律、沟通等方面的差异，进入东道国的外资企业与东道国本土企业相比在许多方面要处于不利地位。所以进入东道国进行跨境投资的外资企业必须具有一些东道国本土企业并不拥有的"垄断优势"（Monopolistic Advantage），才能够弥补自身在新市场环境中的不足或劣势。而外资企业进行跨境投资的最主要动机是为了借助其拥有的垄断优势，以较高的市场溢出价格或垄断价格来占据东道国市场，同时抑制东道国本土企业的市场竞争，形成寡头垄断或不完全竞争的市场结构。除此之外，外资公司进行境外投资并进行跨国经营的动机也可也用垄断竞争理论来进行解释，也就是具备垄断优势的外资公司为了在东道国维持垄断竞争的市场局面并由此获得超额的垄断利润。

　　但是，为什么跨国公司最终选择跨境投资的模式，而不是转让生产或技术许可又或者以出口贸易等形式来获得超额的垄断利润呢？垄断优势理论对此并未给出合理的解释。于是，Buckley 和 Casson（1976）在交易成本理论的基础上提出了内部化理论。该理论的核心思想是：外资企业之所以没有选择以出口或许可证转让的形式，而是以跨境投资的形式来进行国际化，主要是由于外资企业所面临的一个并不完善的中间品市场，导致其在转移所有权或垄断优势的时候，产生了较大的交易成本。所以，外资企业要通过对外直接投资的方式来在其内部构建一个较为完善的中间品内部市场，并以这样的方式降低了因为外部市场不完善所导致的高额交易成本。在 Buckley 和 Casson（1976）的基础上，Casson（1982）进一步指出，对于消费类产品和服务行业来说，买方的不确定性是交易成本重要的构成内容。如果产品或服务质量在交易过程中占据非常关键的地位，那么只有在企业的最直接控制下，买方和卖方或生产方之间的跨境交流或沟通才能够达到最佳效应，此时的交易成本才会成为跨国公司内部化所有权优势的充分条件。这是 Casson（1982）对内部化理论的进一步补充。

Dunning（1993）提出的国际生产折衷理论是将传统的要素禀赋理论、Hymer 的垄断优势论与 Buckley 和 Casson 的内部化理论等综合起来形成的。国际生产折衷理论的核心思想是：只有当企业同时具有三种优势的时候，对外跨境投资才是可能的，成功的对外直接投资必须三种优势缺一不可。三种优势是：所有权优势、区位优势和内部化优势，即国际生产的 OLI 理论范式。其中，所有权优势主要是指要素资源禀赋、创新能力、生产技术工艺、管理经验、专利以及商标等一系列跨国公司单独拥有的，而其他企业尤其是东道国企业无法具备的一些要素。而内部化优势则是指企业将其拥有的所有权优势进行企业内部配置、转让以及充分利用所能够带来的交易成本优势，这种成本优势是相对于外部市场化交易来说的，这种内部化优势可以使得企业避免或者降低因为市场机制不完善所造成的交易成本。区位优势主要是指经济条件、社会发展程度、自然资源条件、市场规模等这些东道国所本来就具有的，且无法进行转移的优势。

然而无论是垄断优势论还是内部化理论，都只是从自己的角度对跨国投资的动机进行了部分解释，与此同时，在当前国际范围内技术传播和扩散的速度不断加快。绝大多数学者认为，国际生产折衷理论能够较好地解释服务业领域跨境投资的问题，服务业不需要专门的外商直接投资和跨国公司理论（Boddewyn，1986）。

3.1.1　国际生产折衷理论和服务业外商直接投资

Dunning（1993）是最早将国际生产折衷理论向服务业跨境投资领域做进一步拓展的，他首先分析了服务性企业进行跨境投资区别于工业企业跨境投资的主要特点。对于服务业企业进行跨境投资所必须具备的三种优势方面，Dunning（1993）提出服务性跨国公司进行跨境投资所具备的所有权优势主要表现在以下几个方面：第一，质量方面，这与服务业的产品特性直接相关，绝大多数的服务业产品是无形的，是需要通过体验来获得的，与制造业产品相比，服务业产品的质量更加的具有不确定性和不可知性。所以，许多服务型跨国企业会通过塑造品牌来引导消费者。第二，范围经济，对于零售、批发以及餐饮这样的服务型行业来说，充分发挥范围经济的效应对于企业发展而言十分关键。第三，规模经济，规模经济不仅仅对于制造业非常重要，由于现在许多服务业也需要很大规模的资本投入，因而发挥规模经济的作用对于服务业来说也很重要，典型的就是银行、医院等。除此之外，还有共同治理效应，主要是指跨国企业可以通过系统内部资金、人员以及信息等要素的自由移动，来实现资金、人员和信息方面的共享。第四，信息和技术，这是因为对许多服务型企业而言，能够以尽可能低的成本来获取、市场、储存、整合、监督、分析以及解释信息，是最为关键的竞争能力或无形资产。除此之外，集聚经济效应（Economies of Agglomeration）也是构成跨国企业竞争优势的重要构成。这种聚集效应是指当许多的同类或业务范围较为接近的竞争者在空间大规模聚集时，随着竞争程度的提高，比较容易出现一些具有创新性的新型服务业产品。正如 Peter Enderwick（1989）指出的那样，服务型跨国企业的所有权优势恰恰说明了东道国本土服务业具有企业规模偏小、市场分割、地理分散性或集中程度不高等特点。

Markusen（1998）认为与其他资产相比，这些企业独有的一些特定资产更加容易促进跨境投资行为的产生，其原因主要有两个方面：首先，以知识或技术为基础的特殊、无形的资产，通常比一般资产或有形的资产更容易实现空间上的转移，并且成本要低很多；其次，技术和知识通常具备准公共产品的性质或特点，在研发或创新的初期成本较高，但是一旦开发成功，其生产的边际成本很小甚至是可以忽略的，而这无疑会极大地提升企业的效率和市场竞争能力。对于在技术或知识创新方面只需要付出一次成本的跨国企业而言，开设两个工厂显然要比仅仅开设两个单独工厂的企业更具有成本方面的优势。所以，如果某一行业的竞争能力受到专有资产的影响，具有专有资产的企业就具有很大的所有权优势。

虽然 Markusen（1998）对跨境投资的企业所有权优势的解释框架并未专门针对服务业领域的跨境投资行为，但是仍然可以用来解释服务业的跨境投资行为。一些服务业子行业，特别是一些生产性服务业，都是符合 Markusen（1998）所说的条件。对于许多服务型企业而言，其最为重要或者核心的竞争优势就是在拥有特定的技术或知识资本，对于这些企业而言，具有积极创造这些特定资产的激励。

3.1.2 内部化优势与服务业跨国投资

与跨境投资相关的内部化优势理论主要是用来解释为什么企业在出口贸易、生产许可证转让以及跨境投资三种方式都可以进行的时候，偏偏选择进行跨境投资而不是其他的国际化方式。Peter Enderwick（1989）指出，服务型跨国企业所具有的内部化优势主要是通过以下几个方面得以体现的：一是服务贸易存在较多的壁垒，导致了服务型产品的出口成本非常高；二是服务型产品具有生产和消费的同步性，对于许多服务型产品而言，制造业产品那样的出口贸易是不可能实现的，必须以商业化形式来实现空间转移；三是对于一些知识或技术特征非常明显的创新性服务产品来说，创新者无疑是最能够提升效率并获得较大回报的，但是随着技术和知识的扩散，这种超额收益会迅速的减少。所以为了保护和维持创新者的创新热情，必须要采取一定的措施对其成果进行保护。

而 Buckley 和 Ghauri（1999）在对服务业跨国企业的跨境投资行为与内部化优势的时候提出，与其他部门尤其是制造业部门相比，服务型企业在进行国际扩张的过程中，更为偏爱使用跨境投资的方式，这可以使用服务业领域跨国企业具备的所有权优势的形式，以及选择不同市场进入模式在交易成本方面的差异来进行解释。首先，在知识密集型产业，当知识具有隐蔽性、生产的成本较高，同时容易以低成本扩散的时候，使用将竞争性知识资产进行内部化的方式，可以有效防止这些知识资产的扩散或泄露，在这种情况下，服务型企业选择跨境投资而不是许可合同的可能性更大。其次，在许多时候由于服务型产品的特性，很难将产品与附加的技术或知识进行较好的分离，也就无法像工业品那样形成具体而明确的、容易进行包装的技术并进行有偿转让或授权。特别的，如果企业具备的特有资产是以人力资源的形式存在的，那么许可更不可能成为具备可行性的方案。最后，现实中许可贸易也是有一定交易成本的，如对成本很难进行准确定价、绩效考察和监督耗费的成本以及搜寻、谈判的成本等。而服务业的这些成本恰恰要高于制造业领域。而 Markusen（1998）在阐述跨国公司内部化优势的时候也提出，正是由于所有权的一些特点，才使得跨国企业拥有了内部化优势。

3.1.3 贸易理论与服务业外商直接投资

商业是服务贸易很重要的存在形式之一，古典、新古典国际贸易理论被学者们用来解释服务业的跨境投资行为。从已有研究来看，这些观点主要可以归纳为以下三类：第一种是不适用论，这种观点认为商品贸易与服务贸易是两种不同的概念范围。G. Febetekuty（1988）认为，服务业的一些特点，诸如生产与消费的同步性和不可分离行、国际收支与海关中无法体现服务贸易、服务贸易是体力劳动与货币的交换等，也导致了服务贸易无法用传统的国际贸易理论来进行解释。第二种是适用论，这种观点认为商品贸易与服务贸易二者之间并不存在本质性的差别，所以服务贸易完全是可以用传统的贸易理论来进行解释的，持这种观点的代表人物主要有斯密斯、辛德利、卢茨以及萨皮尔等人。第三种观点是在肯定传统的贸易理论能够用来解释服务贸易的同时，也认为在进行理论运用的时候有必要对基础理论做一定的修正和拓展。现今绝大多数的学者持第三种观点（Deardorff，1985）。

江小涓（2008）也较为全面地论证和比较了要素禀赋理论以及比较优势理论对服务贸易的解释力度，并认为这两种理论用来解释服务贸易问题并不存在实质上的困难。要素禀赋理论和比较优势理论可解释贸易双方价格差异。正如发展中国家与发达国家在服务产品价格方面的差异总体上要大于商品贸易。所以，从这个角度来看，发达国家与发展中国家开展服务贸易能够获利的空间是更大的。同时，江小涓（2008）还认为放松生产要素在国际范围内不能留的理论假设，也不能从根本上否定要素禀赋理论对服务业贸易的解释力度。这是因为虽然从理论层面看，包括知识技能在内的生产要素的流动性会导致国际范围内要素禀赋差距的减少甚至消失，使得要素禀赋理论失去存在的空间。但是理论与实现是具有较大差距的，并且现实向理论的发展也是逐渐性的，发展中国家与发达国家之前在服务贸易所包含的要素的价格方面失去差异，这个过程通常需要经历一个非常长的时间。另外，从动态的角度来看，即便是完全没有了要素在国际的流动，要素禀赋理论所要论证的一个课题，本来就是贸易的发展最终使得国际要素报酬的趋同，也就是要素价格均等化。她还提出了一个分析商品和服务贸易的一个统一框架，即将服务和商品重新组合。这就使得服务和商品贸易都能够利用要素禀赋理论的分工理论来进行解释，对于一些既不是商品贸易，也不是传统意义上的服务贸易的国际范围内交换行为具有更有力的解释力度。

解释服务产品贸易的理论除了传统贸易理论外还包括新贸易理论。其中涉及服务业的跨境投资问题。Markusen（1989）就认为，知识和技术密集型的生产性服务业有两个较为显著的特点：一个是具有规模经济效应，另一个是具有差异性。规模经济效应的特征决定了随着市场规模的逐步扩大，服务型跨国公司能够通过很低的成本输出服务产品。而差异性则使得国外的服务要素的投入成为了国内服务生产的一种互补品。

3.1.4　理论假说

外商直接投资对东道国本土行业全要素生产率的影响是相关文献研究的重

点，有大量的文献围绕这一主题展开分析。结合已有研究，本部分将重点考察外商直接投资与我国本土零售业全要素生产率的关系，更为具体的是外商直接投资与我国本土零售业全要素生产率的短期动态调整关系和长期均衡关系，主要从作用方向的角度，分析外商直接投资对我国本土零售业全要素生产率的短期影响，以及零售业外商直接投资技术溢出效应的长效机制。

从以上的分析可以发现，近年来随着服务业在国民经济发展中地位的不断提升，针对服务业外商直接投资理论的研究以及相关领域的文献也在逐渐增多。虽然服务业与制造业相比有着许多不同的特征，但是从已有理论来看，大多数理论以及学者的研究都认为服务业的外商直接投资技术溢出效应是同样存在的。而作为服务业的重要构成，零售业的外商直接投资技术溢出效应无论是从理论分析还是从实证研究来看，也都是显著存在的，只是这种效应的大小以及范围随着考察对象以及方法的不同而有所差异。而从中国的实际情况来看，自 2004 年中国全面开放零售业到现在已经过去了十年，许多学者都一直认为，目前零售业已经成为中国市场程度最高，竞争最为充分的行业之一。于是本书提出如下的假说：

假说 1：外商直接投资与我国零售业全要素生产率增长之间存在正向的短期动态关系和长期协整关系。

但是从已有研究来看，主要有两种外商直接投资的衡量方法：一种是外商直接投资的总规模，这种衡量方法把外商直接投资简单看成国家间的资本流动，探讨国际资本流动的增加对贸易及社会福利的影响（Macdougall，1960），早期众多学者在研究外商直接投资进入对东道国的影响时都选取了外商直接投资的投资总额作为解释变量。另一种是外商直接投资的参与度。一般有三种选择反映外资的参与程度：采用外资企业的销售收入、外资企业的资产和外资企业的雇员分别占行业的同类指标的比例。此外，还有学者认为，外商直接投资在行业中的参与程度往往与外资政策制定直接相关，而外资政策显然是影响外商直接投资技术溢出效应的一个非常关键的政策因素。

从服务业外商直接投资技术溢出效应产生的作用机制或路径来看，服务业的外商直接投资技术溢出效应主要有以下三种类型，即示范效应、竞争效应以及人力资源流动效应。在实际中，这三种效应并不是孤立且单独发生作用的，而是相互影响、相互作用、相互引发的关系。任何一种效应都有可能是受其他两种效应影响或作用的结果，而也可能成为激发其他两种效应的因素。例如，跨国零售企业进入我国零售市场，必然会对国内的零售企业产生影响，进而导致了竞争效应，这就迫使国内的零售企业加速学习、模仿和吸收国外企业的先进管理理念和生产技术，并通过这种方式来提高自身的竞争能力，从而导致了外资流通企业示范效应的产生；与此同时，国内零售企业还会通过多种方式或手段吸收外企零售企业中具有先进管理经验或技术的优秀人才，从而导致了人力资源流动效应的产生。现实中，模仿—示范效应与竞争效应以及人力资本流动效应三个方面总是交织在一起，共同决定了外商直接投资技术效应产生的范围和大小。但是本书为了实证分析的方便，将外商直接投资不同的衡量指标与模仿—示范效应以及竞争效应相对于，即将外商直接投资规模的不断增加视为模仿—示范效应和竞争效应共同作用的总效应，而外资企业市场参与度的增加视为竞争效应的增强，于是提出如下的子假说：

假说 1a：外商直接投资总规模与我国零售业全要素生产率增长之间存在正向的短期动态关系和长期协整关系。

假说 1b：外商直接投资市场参与度与我国零售业全要素生产率增长之间存在正向的短期动态关系和长期协整关系。

3.2　中国零售业外商直接投资技术溢出机制

从服务业外商直接投资技术溢出效应产生的作用机制或路径来看，服务业的外商直接投资技术溢出效应主要有以下三种类型，即示范效应、竞争效应以及人力资源流动效应。在实际中，这三种效应并不是孤立且单独发生作用的，而是相互影响、相互作用、相互引发的关系。任何一种效应都有可能是受其他两种效应影响或作用的结果，而也可能成为激发其他两种效应的因素。

3.2.1　示范—模仿效应

所谓示范效应，主要是指随着外资零售企业进入东道国，引发了东道国国内零售企业来学习和模仿外资企业的先进管理经验和生产技术，并最终体现为东道国国内零售企业竞争能力和自主创新能力的提升。具体来说，中国零售领域的外商直接投资所产生的示范效应主要体现在以下两个方面：

一是市场开拓示范效应。一直以外，外资企业都十分重视目标市场的潜力和实际需求，并且对此有着十分准确而又灵敏的嗅觉，所以外资企业在发现并且满足目标市场需求这方面一直发挥着先行者的示范作用。所以，外资企业的这种市场追求和扩张精神就对其他企业尤其是国内企业产生了良好的市场开拓示范效应，并且对中国本土企业具有非常大的带动和示范作用。就以零售业举例，例如，沃尔玛、家乐福这样的世界著名零售企业，早在中国的零售业开放之初就已经察觉到了中国零售业市场所蕴含的巨大商机。这些著名的零售企业也成为首批进入中国零售业市场的外资企业。而在当时，中国的零售业市场中仍然是以百货商店为主的零售业态，已经无法满足人们日益增长的消费需求。经过市场调研分析，这些外资零售巨头选择仍然以自己成熟的大型综合超市业态模式进入中国零售业市场，并获得了巨大的成功，在充分迎合了中国消费者需求的同时，也极大地促进了中国国内零售业态的变革，从而将中国的零售业一举引入了超级市场的时代。

二是技术和管理示范。通常而言，外资企业尤其是大型跨国企业通常有着较中国内资企业更为先进的生产技术和管理理念，而外资零售企业也会利用在管理模式和技术方面的优势在东道国争取巨大的市场份额并获得高额的利润回报，而这通常会对我国的内资零售企业产生一定的示范效应。为了巩固或扩大市场份额，国内的零售企业也会不断学习和模仿外资零售企业。显然，这种模仿会有效地促进国内零售企业获得技术水平和竞争能力的提升，进而激发内资零售企业的创新热情。而当国内零售企业模仿或学习成功之后，为了保持竞争上的优势，外资零售企业会加速创新步伐以保持技术方面的领先，于是又给国内的零售企业带来了新的示范效应，进一步促进了国内零售企业管理水平和技术水平的再一次提升。正是在这"示范—学习—创新—再示范—再学习"的螺旋式循环当中，国内的零售企业通过不断地模仿和学习实现了自身技术水平和竞争能力的大幅度提升。

具体到中国的零售业，外商直接投资所起到的示范作用突出表现在以下三个方面：

一是零售业态的示范作用。例如，沃尔玛、家乐福这样的世界著名零售企业，早在我国的零售业开放之初就已经察觉到了我国零售业市场所蕴含的巨大商机。这些著名的零售企业也成为首批进入我国零售业市场的外资企业。而在当时，我国的零售业市场中仍然是以百货商店为主的零售业态，已经无法满足人们日益增长的消费需求。经过市场调研分析，这些外资零售巨头选择仍然以自己成熟的大型综合超市业态模式进入中国零售业市场，并获得了巨大的成功，在充分迎合了中国消费者需求的同时，也极大了促进了我国国内零售业态的变革，从而将我国的零售业一举引入了超级市场的时代。

二是零售业经营模式的示范。诺斯很早就提出，制度变迁的过程要受到许多种要素的制约和影响，因此制度变迁的自然过程是较为漫长的。而制度对于发展中国家或地区而言又是十分重要的。所以，发达国家有必要充分借鉴一些发达国家或地区的成功经验，除了进行技术的模仿与创新，还需要对自身的制度进行借鉴性的改造，打造适合自身发展特点的制度体系。长期以来，中国的许多传统零售企业都是单枪匹马，毫无规模经济和范围经济可研。而随着跨国零售企业进入中国，其连锁经营的发展模式对中国的零售市场造成了巨大的冲击。零售业连锁经营的最大特点就是可以充分发挥规模经济和范围经济的作用，大大地降低运营成本，从而最大限度地提升企业的竞争优势。在外资零售企业的示范下，中国的连锁零售业发展迅速增长，一方面模仿示范，另一方面生存的压力促使零售业走连锁之路，形成规模效应，产生规模经济性，获得竞争优势。

三是零售业经营理念的示范。在 1992 年以前，中国的零售业发展事实上还处于初期阶段，零售企业的数量不多，规模也不大，整个零售市场总体上是处于一种自然垄断的姿态，更谈不上零售企业的服务意识和竞争意识。在 1992~2002 年，中国的零售业开放的步伐逐步加快，许多著名的外资零售企业开始纷纷进入我国。中国的零售企业在学习、模仿和示范的过程中，逐步建立起了市场竞争意识和服务的意识，零售企业也逐渐开始重视人才的培养和开发，不断提升人员的素质和技能水平。在 2004 年以后，中国零售业全面放开，大量的零售业巨头大举进入中国，并开始数量与规模上的迅速扩张。这些外资零售企业在对中国本土零售市场形成冲击的同时，也带来了许多先进的经营模式、服务理念。外资零售企业注重将超市打造成一个集购物和休闲的综合体，消费者可以在超市进行购物的同时，也享受到各种休闲和方便的服务。国外零售企业更强调的是对消费者的尊重，外资零售连锁企业的良好的购物环境和购物氛围、低廉的价格以及周到便捷的服务。而在此之前，中国的零售门店就是一个纯粹买东西的场所，中外零售业的这种差别来自背后完全不同的理念。内资零售业面临前所未有的生存压力，为了生存和发展，东道国零售业主动引进先进的经营理念。

3.2.2　竞争效应

所谓竞争效应主要是指内资企业与外资企业在激烈的市场竞争中，会导致外商直接投资技术溢出效应的产生。诸多经验证据表明，外商直接投资技术溢出效应的产生会受到市场竞争程度的影响，激烈的市场竞争会促使外商直接投资技术溢出效应的产生并且使得这种效应变得更加显著。现实中，外资零售企业进入东道国市场，必然会导致更为激烈的市场竞争，一方面短期内这种竞争会对国内零售企业带来不利影响，如顾客的流失、利润的减少等；另一方面从长期来看，更为激烈的市场竞争压力会迫使内资零售企业重视技术和创新，会加大产品的革新和服务的创新，选择更为合理、科学的经营管理方式，最大限度地提升自己的竞争能力，从而在与外资零售企业竞争的过程中巩固甚至扩大市场份额。与此同时，零售业是典型的竞争程度高的行业，更为激烈的市场竞争会从根本上加速内资零售企业之间的资源配置。许多没有核心技术、先进管理模式或者缺乏竞争力的零售企业会在竞争中逐渐被淘汰出市场，而有核心技术、较高的自主创新能力或先进管理技术的零售企业则会在竞争过程中得以生存并逐渐做大做强。

随着开放程度的不断加大，当前中国已经出现了一些具有较强竞争实力的内资零售企业，这些零售企业都是在与外资零售企业进行激烈竞争过程中生存和发展起来的。就以开放程度最高的零售业为例，有苏宁电器、大商集团、上海百联集团、北京物美投资集团、山东三联集团、武汉中百集团等具有很强市场竞争力的内资零售企业，这些企业不仅在与外资零售企业竞争中成功的生存了下来，而且还实现了自身实力的不断增强，市场份额也是逐年扩大。

3.2.3 人力资源流动效应

作为一种较为特殊的资源，人力资源的一个重要特点就是具有极强的可流动性。当接受过外资企业培训或者具有在外资企业工具经验的不同层次人才离开原单位流动到内资企业中的时候，这些人才带来的外资企业的一些先进生产技术、管理模式或者创新理念也会随之流入到内资企业中并很快地得到应用，从而极大地促进了内资企业技术水平的提升和竞争能力的增强，在这种情况下，人力资源流动效应就产生了。当外资零售企业进入到我国以后，出于熟悉本地市场以及文化等原因，这些外资零售企业会本地招聘人才并对其进行培训，以推进其本土化战略。但是人力资源是具有较高流动性的，当一些接受过外资零售企业培训计划或者具有在外资零售企业工作经验的人才离开外资企业自己创业或者被聘用到其他内资零售企业的时候，这些人在外资零售企业工作期间学习到的先进管理经验、创新理念或者先进技术就会流入到内资零售企业中，外商直接投资通过人力资源流动效应发生了技术外溢。

就以世界著名零售巨头麦德龙为例，麦德龙非常重视对外海分支机构员工的培训，这也是麦德龙在零售市场激烈竞争中取胜的重要的砝码之一。麦德龙在全球的培训中心目前一共有四个，这四个培训中心主要负责在员工招聘之后的一系列的入岗前培训工作。麦德龙的培训项目目的是希望新员工能够快速、准确的理解麦德龙集团的经营理念和企业文化，并尽早地融入这种文化当中，并最终培养出能够独立负责当地零售连锁店铺的运营和管理。所以，凡是接受过麦德龙系统培训的员工，对于该集团的经营理念和运营体系都有着非常深刻的理解，同时也较为全面的掌握了相关的管理理念和操作技能。中国零售业开放以来，麦德龙在我国已经开设了许多家店铺，由于薪酬待遇、企业减员、个人发展意愿等多方面的原因，许多接受过麦德龙系统培训的职员离开麦德龙，流动到许多中国本土零售企业中去。在这过程中，他们将自己在麦德龙接收到的经营理念、运营方式，加上实际工作中积累的经验一起应用到新的零售企业中，在很大程度上提高了中国本土零售企业的经营管理水平以及自主创新能力。

3.3　零售业外商直接投资技术溢出效应的影响因素

大多数文献都认同零售业外商直接投资的技术溢出效应是显著存在的，外资零售企业的进入会促进东道国本土零售业生产率的提升和企业竞争能力的增强，但同时这些文献也承认外商直接投资的技术溢出效应并不是自动产生的，而是受到一系列因素的影响或制约。随着研究的深入，越来越多的学者发现，外商直接投资技术溢出效应的产生并不是必然的，需要一定的条件和环境，而东道国的吸收能力是影响外商直接投资技术溢出效应的因素中较为核心的一个。结合前文的文献回顾，本节的理论分析部分影响零售业外商直接投资技术溢出效应的因素主要可以归纳为以下几个方面，即外商直接投资的来源地、内外资的技术差距、技术吸收能力以及东道国的行业特征（市场集中度、资本密集度）等。

3.3.1　外商直接投资的来源地

资本同质是传统经济学资本理论的假设之一，不同企业投入等量资本产出率是相同的。但是不同资本在产出效率实际存在很大差别。外商直接投资异质性，从外商直接投资的来源地来看不同来源的外商直接投资在投资规模、投资分布、本土化策略和文化理念等方面均存在明显差异。目前大多数文献对外商直接投资的技术溢出效应研究都是从整体角度去分析和考察的，系统地从不同来源地外商直接投资角度进行分类研究的成果非常少。但已有区分不同外商直接投资来源地对技术溢出效应影响的文献均发现外商直接投资来源是影响外商直接投资技术溢出效应的重要因素。

Girma 和 Wakelin（2001），Haskel 和 Salaughter（2002），Hu 和 Jefferson（2002），Banga（2003），Javorcik 和 Spatareanu（2004），李立新等（2002），孟亮（2005）的研究证实了不同投资来源是外商直接投资技术溢出的影响因素之一。

因此，在考察我国外商直接投资对零售业全要素生产率的影响时，考察不同来源的外商直接投资是否存在不同的影响以及影响的方式。基于以上的分析，提出以下的假说：

假说2：港澳台地区外资对我国本土零售业全要素生产率产生促进作用。

假说3：欧美发达国家的外资对我国本土零售业全要素生产率产生促进作用。

同样在考虑不同的外商直接投资衡量标准（总规模与市场参与度）情况下，假设2又可以由以下两个子假说构成，即：

假说2a：港澳台地区外资总规模的增加，会对我国本土零售业全要素生产率产生促进作用；

假说2b：港澳台地区外资市场参与度的提升，会对我国本土零售业全要素生产率产生促进作用。

类似的，假说3也可以进一步细化为两个子假说：

假说3a：欧美发达国家外资总规模的增加，会对我国本土零售业全要素生产率产生促进作用；

假说3b：欧美发达国家外资市场参与度的提升，会对我国本土零售业全要素生产率产生促进作用。

港澳台地区资本和欧美等西方国家的外商投资资本存在异质性，主要体现在港澳台地区外资企业在中国大陆投资的动机是利用其所有制优势结合中国大陆廉价的原材料、土地和劳动力生产产品用于出口国际市场，欧美发达国家外资企业在中国建立子公司是为了取得在中国市场份额的增长以实现其全球化战略。因此平均而言，欧美发达国家的外商直接投资较港澳台地区来源的外商直接投资具有更高的技术水平，并会产生更大的溢出效应。于是在对比两种来源的外商直接投资所产生的技术溢出效应时，本书提出如下的理论假说：

假说 4：同等情况下，欧美发达国家的技术溢出效应要比港澳台地区外资的技术溢出效应更加明显。

同样考虑到不同的外商直接投资衡量方法，假说 4 可进一步细化为两个子假说：

假说 4a：同等外资规模的增加，港澳台地区外资对我国本土零售业全要素生产率的影响要小于欧美发达国家的外资。

假说 4b：相同的市场参与度下，港澳台地区外资对我国本土零售业全要素生产率的影响要小于欧美发达国家的外资。

3.3.2　内外资的技术差距

现有的关于跨国直接投资的理论对影响外商直接投资技术溢出效应的技术差距主要有三种不同理论范式的解释：

3.3.2.1　"OLI" 范式

Dunning（1993）提出的国际生产折衷理论是将传统的要素禀赋理论、Hymer（1960）的垄断优势论与 Buckley（1976）和 Casson（1986）的内部化理论等理论综合起来形成的。国际生产折衷理论认为只有当企业同时具有所有权优势、区位优势和内部化优势这三种优势时，对外跨境投资才是可能的。只有当东道国具有强于母国的优势时，企业才会进行跨境投资。而 Dunning 则指出，一旦企业拥有了所有权优势，就会采取技术许可的方式进行国家化，但是如果同时具备内部化优势和所有权优势，则会选取出口贸易的方式进行国际化；而如果是同时具备了这三种优势，就会采取对外直接投资的形式。

3.3.2.2　边际产业扩张理论

日本学者小岛清最早提出了边际产业扩张理论，该理论认为某一个国家或地区从某个产业开始逐步处于或即将处于比较劣势的时候开始跨境投资，并且是依次进行的。正是因为发达国家处于较高的技术水平，这样的投资与东道国的技术差距较为适中，从而有利于东道国对先进技术的学习、模仿和吸收，并为发展中国家的经济追赶创造了技术上的条件。依据边际产业扩张理论，在欠发达国家和地区进行跨境投资的跨国企业与东道国本土企业之间会存在一定的技术差距，但不会很大，这是与边际产业扩张和 "OLI" 理论不同之处。

3.3.2.3 产品生命周期理论

产品生命周期理论（PLC）首先由 Vernon（1966，1971）提出，该理论的核心思想是认为产品具有生命周期，新产品、成熟产品和标准化产品构成生命周期的三个阶段。当处于新产品阶段的时候，发达国家主要是选择在本国生产，生产出的绝大部分产品也只是供应本土市场，一小部分以出口贸易的形式供应到国际市场。随着技术的逐渐成熟，新产品会逐渐过渡到成熟产品阶段。而由于技术的不断外溢以及更多的同类竞争者的加入，这一阶段产品生产的成本要比产品的差异性更为重要。于是发达国家的企业就开始通过跨境投资的方式到欠发达国家或地区进行生产，利用其廉价的土地、劳动力等资源。在这一阶段，一方面发达国家的企业会转让其标准化生产技术，另一方面也会逐步减少在本国同类产品的生产并最终停止。产品生命周期理论将传统的工业区位论与跨国投资、国际贸易理论结合起来，进一步论证了跨国投资或跨国公司发展过程中区位要素的关键作用（江小涓，2001）。

以上这三种理论有共同点也有不同侧重，共同点在于都认同一定的技术差距是引发跨境投资行为的重要基础，同时也是投资企业的先进技术向东道国本土企业进行技术外溢的前提。不同点在于，对于何种程度的技术差距有利于外商直接投资的产生，不同的理论有不同的阐述。"OLI"理论认为只有技术差距达到一定程度时，跨国企业才会认为自己有足够的优势并进行跨境投资，东道国企业才有学习和模仿的空间，才有动力模仿；边际产业扩张理论和生命周期理论则认为如果差距过大，内资学习能力有限，会影响技术外溢。

结合目前中国零售业技术水平的现状，以及国内学者的主要观点，本书认为现阶段国内本土零售业与外资零售业之间的技术差距越大，越有利于外商直接投资技术溢出效应的产生，于是提出如下的假说：

假说 5：内外资零售业的技术差距越大，越有利于我国零售业外商直接投资技术溢出效应的产生。

考虑到不同的外商直接投资衡量方法，假说 5 可进一步细化为两个子假说：

假说 5a：外商直接投资总规模对我国本土零售业全要素生产率的促进作用会受到技术差距的正向调节作用。

假说 5b：外商直接投资参与度对我国本土零售业全要素生产率的促进作用会受到技术差距的正向调节作用。

3.3.3 行业资本密集度与市场集中度

企业的行为和技术特征在很大程度上与其所在行业的资本密集程度相关。传统理论一直认为, 越是资本密集度的行业, 其拥有的知识和技术含量也越高, 技术学习和进步的速度通常也就越快 (黄漫宇, 2013)。如果进行跨境投资的企业所在的行业拥有较高的资本密集度, 那么通常该产业的技术和知识密集程度也就越高, 因而发生技术外溢效应的机会也就越多, 最典型的就是高新技术产业等。而如果跨境投资的企业所在的产业是劳动密集型的、低技术的产业, 那么跨国企业进行直接投资的主要动机就是为了获取东道国的市场、原材料或廉价的劳动力资源, 在这种情况下, 外商直接投资技术溢出效应即便能够发生, 其范围和程度也是十分有限的, 同时也更容易对本土企业造成负面的冲击和影响 (李成刚, 2011)。一般认为传统意义上的零售业是典型的劳动密集型产业, 与制造业相比, 资本密集度明显偏低, 技术进步的速度也相对较慢。而我国的零售业更是如此, 不仅其资本密集度要低于其他产业, 同时也要比发达国家的零售业要低。所以, 资本密集度可能是限制我国零售业外商直接投资技术溢出效应的重要因素, 于是提出以下假说:

假说 6: 资本密集度的提高有利于我国零售业外商直接投资技术溢出效应的产生。

考虑到不同的外商直接投资衡量方法, 假说 6 可进一步细化为两个子假说:

假设 6a: 外商直接投资总规模对我国本土零售业全要素生产率的促进作用会受到行业资本密集度的正向调节作用。

假说 6b: 外商直接投资参与度对我国本土零售业全要素生产率的促进作用会受到行业资本密集度的正向调节作用。

竞争机制是外商直接投资技术溢出效应产生的核心机制。当跨国企业在投资国市场遭遇强大的竞争压力时, 为了维持和巩固市场份额, 这些拥有先进技术的外资企业只能通过向东道国的子公司或分公司转移更多的先进技术以增加其市场竞争力。所以更为激烈的市场竞争往往会导致外商直接投资技术溢出效应更为显著、范围更加广泛。但 Fosfuri 等 (2001) 的研究又表明, 前面的情况并不一定发生, 更为激烈的市场竞争有时候会迫使跨国公司通过采取多种措施来加强对其先进技术的保护, 减少了先进技术外溢的可能性。从这个角度来看, 市场竞争的加剧又会降低外商直接投资技术溢出效应的显著性。

但是通常认为，东道国市场竞争强度高，外资的技术溢出范围和程度更大，溢出效应越显著。其原因主要有以下两个方面：一方面，当处于较高水平的市场竞争环境中时，进行跨境投资的企业往往会被迫创新和使用更为先进的技术来提升其竞争能力，扩大与内资企业的竞争优势，以巩固或扩大市场份额，在这种情况下，技术溢出的范围和程度都会比之前要强。另一方面，在面对外资企业的冲击时，内资企业为了巩固已有的市场份额，避免在与外资企业的竞争中淘汰出局，也会有更大的动力来学习先进知识，提升自己能力。但是，如果内资企业与外资技术差距过大无法进行竞争，那么会产生负的溢出效应。所以，合适的竞争有利于技术溢出（Dunning & Cantwell，1987；Wang & Blomstrom，1992；Blomstrom & Kokko，1995；Girma，Greenaway & Wakelin，2001）。

针对中国零售业的竞争程度，于是本书提出如下的理论假说：

假说7：我国零售业市场集中度的提升有利于外商直接投资技术溢出效应的产生。

同样的，假设7也可以进一步细分两个子假设：

假设7a：外商直接投资总规模对我国本土零售业全要素生产率的促进作用会受到市场集中度的正向调节作用。

假设7b：外商直接投资参与度对我国本土零售业全要素生产率的促进作用会受到市场集中度的正向调节作用。

3.3.4 人力资本水平

Lucas（1988）在 Uzawa（1965）的研究基础上，认为人力资本投资使生产具有递增收益，不仅能为所在部门或企业带来收益，且其积累有助于提高所有要素的生产率。Borensztein 等（1998）将人力资本表征量化了东道国在接受溢出效应过程中的吸收能力，研究结果表明外商直接投资与人力资本的交叉项的系数远远大于外商直接投资的系数，说明外商直接投资与东道国人力资本的交互作用对经济增长的影响远远大于外商直接投资单独作用。在思维习惯、社会体制、文化传统等诸多方面存在显著差异的情况下，跨境投资的企业要想其投资战略获得成功，就必须进行一定程度的本土化战略，必须依靠开发和培训本土的人力资源。所以，东道国能够充分利用技术外溢来提升自己技术水平的一个必要条件就是有良好的人力资源储备。

　　人力资本水平对零售业外商直接投资技术溢出效应程度和范围的影响，归纳起来主要是通过以下这三个方面实现的：一是获得学习和模仿先进技术的机遇。从服务型外资企业的角度看，从事人力资本投资并提升人力资本水平，直接影响着外资企业进行人员培训的成本与可行性，使得东道国的人力资本存量构成了投资环境的重要内容。无论是理论还是实际来看，东道国的人力资本的存量以及知识发展水平，都是吸引服务型跨国企业进行跨境投资的关键因素，并且越是技术水平高的跨国企业，对于人力资本的要求通常也越苛刻。东道国拥有的人力资本水平越高、存量越丰富，越能够吸引更多的跨国企业来进行投资，从而给本土企业带来了更多的学习和模仿先进技术的机遇。二是东道国企业学习、模仿和吸收先进技术的能力。当外资零售企业进入到我国以后，出于熟悉本地市场以及文化等原因，这些外资零售企业会本地招聘人才并对其进行培训，以推进其本土化战略。但是人力资源是具有较高流动性的，当一些接受过外资零售企业培训计划或者具有在外资零售企业工作经验的人才离开外资企业自己创业或者被聘用到其他内资零售企业的时候，这些人在外资零售企业工作期间学习到的先进管理经验、创新理念或者先进技术就会流入到内资零售企业中，外商直接投资通过人力资源流动效应发生了技术外溢。三是在生产实践中使用并创新技术的能力。当本土企业成功的吸收外资企业的先进技术后，必须要将这些先进技术成功的运用到生产实践当中去才算真正的成功，而这一过程的顺利完成必须以一定的人力资本作为基础。同时较高的人力资本也能够在学习和应用新技术的同时，提升创新能力，不断研发出更新、更符合本地实际的先进技术，从而提升企业的可持续发展能力。

　　基于以上的分析并结合我国零售业人力资本水平的现状，本书提出如下假说：

　　假说8：人力资本水平的提升有利于我国零售业外商直接投资技术溢出效应的产生。

　　考虑到不同的外商直接投资衡量方法，假说8可以由两个子假说构成：

　　假说8a：外商直接投资总规模对我国本土零售业全要素生产率的促进作用会受到人力资本水平的正向调节作用。

　　假说8b：外商直接投资参与度对我国本土零售业全要素生产率的促进作用会受到人力资本水平的正向调节作用。

3.4　本章小结

本章主要在相关理论基础上，结合已有研究来构建我国零售业外商直接投资技术溢出效应及其影响因素的理论分析框架。研究外商直接投资对中国零售业全要素生产率的影响包括两个方面的内容：一是研究外商直接投资流入所产生的技术外溢对中国零售业全要素生产率的影响，它不是外商直接投资流入自动产生的结果，而是取决于需求方（东道国）和供给方（母国）两方面的因素，如外商直接投资异质性、技术差距、东道国吸收能力、行业特征等。二是研究外商直接投资流入通过什么方式影响零售业全要素生产率，即零售业外商直接投资技术溢出效应产生的路径或作用机制。

第4章 中国零售业全要素生产率的测算及分析

4.1 全要素生产率的测算

本章的主要内容是利用我国零售业在 2005~2011 年的省际面板数据，对我国 2006~2011 年的全要素生产率变化情况进行测算，为研究外商直接投资对我国本土零售业全要素生产率的影响奠定基础。本章主要分两大部分，首先是对全要素生产率计算方法的进行了梳理，详细描述了传统古典测量方法（索洛残差法）和随机前沿函数分析法（SFA）等为代表的参数分析方法，以及以数据包络分析法（DEA）和 Malmqusit 生产率指数法为代表的非参数分析法等的优势和不足，并在此基础上结合本书所使用的数据结构，选择最为合适的全要素生产率测算方法，即基于 DEA 投入方法的 Malmquist 生产率指数法。其次，是结合相关数据对我国零售业在 2006~2011 年的全要素生产率变化情况进行了测算，并结合已有文献和相关理论，从不同角度对其进行了深入分析。

4.1.1 全要素生产率的测算方法

早在亚当·斯密时期，经济学家就认识到了技术进步在经济增长中的作用，但是对于技术进步促进经济增长的机制缺乏足够的认识。对技术进步进行衡量的方法一直在探索当中，但是与有形的劳动力和物质资本相比，技术是无形的，因而只能通过较为间接的方法对其进行测度（Keller，2004）。而技术进步对于经济增长的贡献，一直没有得到清晰的核算。直到第二次世界大战之后，才开始有学者尝试测度经济增长的"直接"源泉，并将"增长核算"纳入宏观经济学的范畴。已有的技术进步衡量方法可以归纳为以下两种：以传统古典测量方法（索洛残差法）和随机前沿函数分析法（SFA）等为代表的参数分析方法，以及以数据包络分析法和 Malmqusit 生产率指数法为代表的非参数分析法。由于 Malmqusit 生产率指数法是本书实证部分使用的主要方法，因此会做更为详细的介绍。

4.1.1.1 索洛残差法

在索洛（Solow）提出的新经济增长理论中，他首次将技术纳入了经济增长模型之中，并对生产的经济理论以及拟合生产函数的计量方法进行了统一。自此以后，Solow 构建的将经济产出进行分解的方法成为阐述经济增长原因的主要工具。具体的，早期的新古典测算方法是将劳动和资本的贡献从经济增长总量中扣除，剩下的这部分称之为"索洛剩余"或者"增长余值"，也就是通常所说的全要素生产率增长率。美国经济学家 Denision（1974，1979）在 Solow 进行的开创性研究基础上做了进一步的改善，将投入要素做了更为明确和详细的划分。具体的，索洛残差法计算全要素生产率的过程可以表述为：

设定 C – D 生产函数为总生产函数：

$$Y_t = Ae^{\lambda t} K_t^{\alpha} L_t^{\beta} \tag{4.1}$$

其中，L_t 为劳动投入，K_t 代表资本存量，Y_t 表示实际的产出，t 表示时间，平均资本产出份额与平均劳动力所占的份额分别以 α、β 来衡量。假设技术中性和规模收益保持不变，则全要素生产率增长率可以通过下式表达：

$$\frac{\Delta A}{A} = \frac{\Delta Y}{Y} - a\frac{\Delta L}{L} - (1-a)\frac{\Delta K}{K} \tag{4.2}$$

为了估算出平均资本的产出份额 α 和平均劳动力的产出份额 β 的数值，对式（4.1）两边进行取对数处理，于是有：

$$\ln Y = \ln A + \lambda t + \alpha \ln K_t + \beta \ln L_t \tag{4.3}$$

由于规模收益不变的假设，于是设定关于 α 和 β 的约束条件 $\alpha + \beta = 1$，并且有：

$$\ln(Y/L_t) = \ln A + \lambda t + \alpha \ln(K_t/L_t) \tag{4.4}$$

在估计出 α 与 β 的数值之后，将其代入到式（4.4）计算，就可以获得试用索洛残差法计算的全要素生产率增长率。

在实际应用过程中，索洛残差法对全要素生产率的测算会出现一定的偏误。从本质上看，这主要是因为索洛残差法以下四种假设为基础：第一，生产数的具体形式已经事先确定了；第二，生产单位的产出效率一直处于最佳状态；第三，技术改变必须确定为中性的；第四，恒定不变的规模报酬。一旦这些假设不成立，那么利用索洛残差法计算的全要素生产率将是有偏的，将无法客观的反映技术的进步情况（Coelli，1998）。由于传统衡量技术进步的方法存在局限，于是便有了隐性变量法、前沿生产函数法，以及数据包络法等方法。

4.1.1.2　隐性变量法

隐性变量法计算全要素生产率的基本思路是：首先，将全要素生产率视为隐性变化（一个无法观测的变量）；然后，检验数据的平稳性和协整性；最后，利用状态空间模型并结合极大似然估计法来测算全要素生产率。[①]

这里以 C – D 生产函数代表总生产函数，并假设规模收益保持不变，于是设定如下的方程：

$$\ln Y_t = \ln TFP_t + \alpha \ln K_t + (1 - \alpha)\ln L_t + \varepsilon_t \qquad (4.5)$$

在式（4.5）中，$\ln TFP_t$ 代表的是全要素生产率的增长率，K_t 和 L_t 分别为资本和劳动力要素投入，α 为平均资本要素的产出份额。这里假设$\ln TFP_t$是一个遵循一阶自回归（服从 AR(1) 过程）的隐性变量，于是有：

$$\ln TFP_t = \rho \ln TFP_{t-1} + \mu_t \qquad (4.6)$$

其中，μ_t 为白噪声，ρ 代表的是自回归系数，服从 $|\rho| < 1$ 的约束条件。使用极大似然估计法以及状态空间模型，结合式（4.5）和式（4.6），对全要素生产率的增长率进行估算。在实际的计算过程中，为防止可能存在的伪回归所导致的估算结果偏误，必须进行相关的检验，主要涉及数据的平稳性检验以及协整关系检验等。[②]

4.1.1.3　随机前沿分析法

随机前沿分析法将产出增长归因为要素投入的增加、效率的提升以及技术

---

① 状态空间模型是一种动态时域模型，以隐含的时间为自变量。状态空间模型起源于平稳时间序列分析，当前应用较为普遍的是由 Akaike 提出并经 Mehra 进一步发展而成的典型相关方法。

② 平稳性检验和协整检验的方法常见的有 ADF 单位根检验法和 JJ 协整检验法。并且因为资本、劳动力以及产出等数据所具有的趋势成本经常会表现出比较明显的单位根过程，并且这三个变量间经常不存在协整关系，所以通常使用三个变量的一阶差分序列来构建回归方程。

前沿的变迁，故而将全要素生产率增长进一步分解为技术效率提升和技术变迁速度这两个部分。技术效率衡量的是短时间内对现有生产能力的充分利用程度，反映了现实经济中的生产技术效率；而技术变迁速度则是较长时间内衡量技术效率的参照物。随机前沿生产函数分析法的核心思想是：在生产可能性边界或者技术前沿以内的点是技术无效率的，而有效率的点应该分布于生产可能性边界或技术前沿之上。

图4－1是对随机前沿分析法主要机理的一个简要说明，展现的是一个简单的单一要素投入和产出的经济体系。对不同生产商技术效率的衡量首先要找出技术边界或者生产可能性边界，这一边界就是图4－1中的曲线 F_{t0}。以厂商A为例（点A），投入 x 单位要素的实际产出为 q。而根据生产可能性边界，x 单位的要素投入应该得到 q^* 单位的产出。实际产出与潜在产出二者的比值就是技术效率。随着时间的推移，生产可能性边界或技术前沿会发生移动，表现为图4－1中从 F_{t0} 移动到 F_{t1}，则在两个时期生产可能性边界上的潜在产量的变动率就相应的反映了技术变迁。[①]

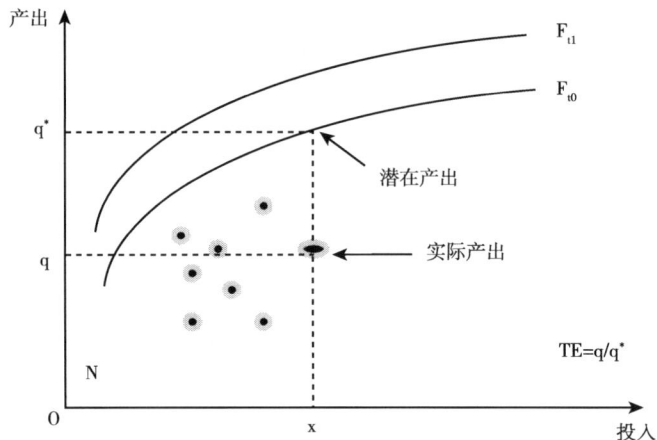

图4－1 技术变迁和技术效率

利用随机前沿生产函数法来测算全要素生产率实际上是一种参数估计的方法，可以将一般形式的随机前沿生产函数形式表示为：

———————————

① 在本书中，技术进步和技术变迁二者之间有着一定的区别。技术进步主要是指劳动生产率总的变动，即全要素生产率的变动；而技术变迁则侧重于经济中的技术前沿随着时间的变动。

$$\ln q_j = f(\ln x) + v_j - u_j \qquad (4.7)$$

其中，x 是要素的投入量，$\ln q_j$ 是厂商 j 产出的对数形式，u_j 是对厂商 j 技术无效率部分的估计，v_j 代表的是方程的随机误差项。v_j 和 u_j 均服从独立同分布的假设，即 $u_i \sim N^+(\mu, \sigma_u^2)$ 的方差分别为 σ_v^2 和 σ_u^2。在生产函数式 (4.7) 的基础上，单个厂商的生产可以做如下的估计：

$$\ln \hat{q}_j = f(\ln x) - u_j \qquad (4.8)$$

于是有潜在产量（有效产量）$\ln q^* = f(\ln x)$，而技术效率（Technical Efficiency，TE）可以通过如下的方程给定：

$$\ln TE_j = \ln \hat{q}_j - \ln q^* = -u_j \qquad (4.9)$$

于是可以得到技术效率 $TE_j = \exp(-u_j)$。据此可知，实际产出与潜在产出的比值（图中的 $TE = q/q^*$）衡量了单个厂商的技术效率。

对于全要素生产率增长率的测算一般要涉及两个部分的变动：一个是技术效率的变动，反映的是由生产效率提升导致的产出增加；另一个是投入效率的变动，即通过增加有效投入来实现的产出增长。于是有：

$$EfficiencyChange = TE_{it}/TE_{is} \qquad (4.10)$$

如果技术进步违背了技术中性的假说，要素投入向量的变动会引发技术进步指数的变化。因此使用几何平均数来代表相邻年份 t 和 s 的技术效率变动情况，[①] 于是有：

$$TechnicalChange = \left[\left(1 + \frac{\partial f(x_{i,s}, s)}{\partial t}\right) \times \left(1 + \frac{\partial f(X_{i,t}, t)}{\partial t}\right) \right]^{1/2} \qquad (4.11)$$

式（4.7）~式（4.11）呈现了对于随机前沿生产函数法计算全要素生产率的基本描述。

4.1.1.4 数据包络分析法

数据包络分析法（Data Envelopment Analysis，DEA）衡量技术进步的基本思想与随机前沿生产函数法是基本一致的，但是在具体的操作上与 SFA 有着较大的差别。DEA 方法属于非参数分析法，主要采用数据包络的方法来拟合

---

① 更为详细的分析可以参见 Coelli 等（1998）的文献。

技术前沿（生产可能性边界）。DEA 方法可以进一步细分为基于投入和基于产出这两种方法。使用 DEA 方法来测算全要素生产率主要基于以下的逻辑：某一厂商只有在给定产品价格和要素投入总量的情况下得到最大的产出组合，或者是在定产品价格和要素投入总量的情况下实现投入成本最小化，只有这样才能实现技术效率。

假定存在一个两种要素投入和产出的生产过程。技术效率可以通过在给定产出总量和投入品价格的情况下消耗最小的投入组合来衡量，如图 4-2 所示。在图 4-2（a）中，对于给定产品（y_1^*，y_2^*）的产出，某一厂商可以有诸如 A 点和 B 点多种选择。图 4-2（a）中的曲线 $Iso(y_1^*,y_2^*)$ 为等产量线，而 B 点正位于生产（y_1^*，y_2^*）组合的最低投入线上。

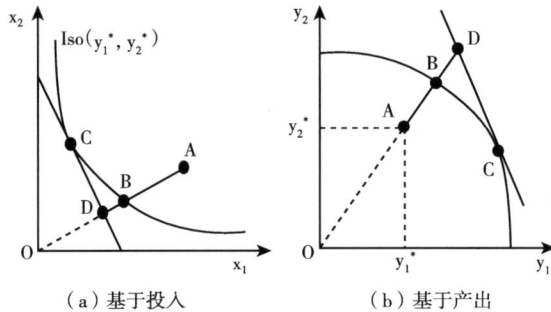

（a）基于投入　　　　　　　（b）基于产出

图 4-2　DEA 方法：基于投入和基于产出的技术效率衡量

基于投入的技术效率（TechniqueEfficiency，TEI(y, x)）就由 OB/OA 来定义。于是成本效率（Cost Efficiency，CE(y, x, w)）就由 OD/OA 来给定，而投入分配效率则由 OD/OB 或者 CE(y, x, w)/TEI(y, x) 来给定。因而技术效率可以进一步被分解为投入分配效率与成本效率的比值，亦即：

$$TEI(y,x) = CE(y,x,w)/AEI(y,w,w)$$

类似的，图 4-2（b）则表示的基于产出的效率衡量。其中，技术效率 TE(y, x) 由 OA/OB 给定，分配效率（Revenue Efficiency，RE(y, x, p)）为 OA/OD，而产出分配效率 Allocative Efficiency Output，AEO(y, w, w) 则为 RE(y, x, w)/TEI(y, x) 或 OB/OD 来给定。以上的两种方法都可以实现对技术效率的测度。[①]

---

① 根据 Fare（1994b）对基于投入和产出的 DEA 生产率测算方法的详细介绍。

4.1.1.5　Malmquist 生产率指数

Malmquist 生产率指数是指在生产产品 y，同时使用要素投入 x 的情况下，生产率在 t 时期和 t + 1 时期的变动情况，即：

$$M_0(x^{t+1}, y^{t+1}; x^t, y^t) = \sqrt{\frac{D_0^t(x_{t+1}, y_{t+1})}{D_0^t(x_t, y_t)} \times \frac{D_0^{t+1}(x_{t+1}, y_{t+1})}{D_0^{t+1}(x_t, y_t)}} \qquad (4.12)$$

式（4.12）中，$(x_t,\ y_t)$ 和 $(x_{t+1},\ y_{t+1})$ 表示第 t 期与 t + 1 期的投入和产出向量；D_0^t 和 D_0^{t+1} 表示以第 t 期技术 T^t 作参照，第 t 期和 t + 1 期的距离函数。Malmquist 指数若大于 1，则表示从第 t 期和 t + 1 时期的创新效率是增长的，反之则表示创新效率在下降。式（4.12）还可以做进一步的分解，表示为技术效率指数（E_C）与技术进步指数（T_P）的乘积，具体分解过程为：

$$M_0(x^{t+1}, y^{t+1}; x^t, y^t) = \frac{D_0^{t+1}(x_{t+1}, y_{t+1})}{D_0^t(x_t, y_t)} \times \sqrt{\frac{D_0^t(x_{t+1}, y_{t+1})}{D_0^{t+1}(x_{t+1}, y_{t+1})} \times \frac{D_0^t(x_t, y_t)}{D_0^{t+1}(x_t, y_t)}}$$

$$= E_C \times T_P \qquad (4.13)$$

如果 $E_C > 1$，则表明技术效率得到了提升，而如果 $E_C < 1$，则表明技术效率出现了下降；类似的，如果 $T_P > 1$，则表示出现相对的技术进步，而如果 $T_P < 1$，则说明没有发生明显的技术进步，或者说技术水平是在倒退的。而技术效率 E_C 还可以表示为纯技术效率指数与规模效率指数这二者的乘积：

$$M = T_P \times E_C = T_P(P_C \times S_C) \qquad (4.14)$$

计算 Malmquist 生产率指数必须借助线性规划方法来测算相关投入与产出的 4 个距离函数。对于第 t 期和第 t + 1 期的第 i 个 DMU 的距离函数 $D_0^t(x_t, y_t)$ 可以由以下的线性规划求得：

$$[D_o^t(x_t, y_t)]^{-1} = \max\theta \qquad (4.15)$$

s. t.　$-\theta y_{i,t} + Y_t\lambda \geqslant 0$

　　　$x_{i,t} - X_t\lambda \geqslant 0$

　　　$\lambda \geqslant 0$

其他 3 个距离函数可以通过类似的方法获得。

4.1.2 全要素生产率测算方法的比较与选择

从已有的文献来看，全要素生产率有参数和非参数等多种测算方法可供选择，因而受到了多数学者的偏好。可以说，计算全要素生产率的方法各有优势，有必要根据研究目的和具体的数据环境灵活选择。

计算全要素生产率的参数方法主要包括索洛残差法、隐形变量法以及随机前沿生产函数法等。其中，索洛残差法关注生产函数的相关性质，避开了对函数具体形式的讨论，这就使得基于这一模型的技术进步衡量方法具有了更为广泛的适用性。与此同时，索洛残差法在计算方法上也较为直观和简便，模型在实际操作过程中具有较强的实用性。但是索洛残差法也存在着较为明显的缺陷。在索洛模型中，技术进步所产生的贡献仅仅是产出增长在扣除资本和劳动力贡献份额后剩下的"余值"。这种"余值"包含了所有导致生产函数变动的因素，但是否与技术、效率或者全要素生产率相关在具体操作过程中是很难确定的。但是实际上，并不是除资本和劳动两种投入要素以外的任何导致产出增加的因素都是技术进步。[①] 正是由于所包含的因素过于宽泛，使得索洛残差法并不能较为客观的反映现实中的技术进步，尤其是对于处于经济转型时期的中国更是如此（赵志耘和杨朝峰，2011）。

与传统的索洛残差法相比，隐性变量法最为突出的优势就在于将全要素生产率看成一个独立的变量，而不再将其视为残差。采用隐性变量法将全要素生产率从残差中分离，就可以有效避免实际操作过程中的测算误差对全要素生产率估算精准度的影响。此外，在具体测算全要素生产率的时候，隐性变量法考虑了变量间非协整关系以及数据的非平稳性带来的伪回归问题，提高了估算值的正确性。因此，隐性变量法能够更为精确的估算全要素生产率。但是从本质上看，这种方法仅仅是从计量方法上对于使用最小二乘法估计全要素生产率的小幅度改进，其原理仍然是建立在新古典基础上的，仍然采用 C – D 生产函数和规模收益不变的假设。

随机前沿生产函数法具有能够较好处理测度误差的优势，因而成为分解和测度全要素生产率的一种较好的方法。但是这种方法同样也存在一些局限：第

---

① 现有的研究表明，如果再考虑资本和劳动的投入贡献之后，索洛余值仍然会非常的大。在索洛残差法的后续研究中，Denision 和 Jorgenson 对索洛余值的测算方法进行了精细化投入的改进，发现全要素生产率增长率的贡献逐渐降低。

一，采用随机前沿法估算全要素生产率也必须知道具体的生产函数形式，同时在处理误差的时候必须服从某一分布假设。第二，随机前沿分析法的基础是估算产出缺口，而不管是采用何种方法来测算产出缺口都会或多或少地产生误差，进而影响最终测算结果的正确性。第三，由于很难估计技术前沿以及测算观测点到前沿面的距离，所以随机前沿法在实际使用过程中存在一定困难。但是尽管如此，随机前沿生产函数法在应用于小规模或中等规模的样本时，依然具有较大的实用价值。

计算全要素生产率的非参数方法包括 DEA 方法、Malmquist 生产率指数法。与其他全要素生产率测算方法相比，Malmquist 生产率指数有两个最为明显的优势：第一，Malmquist 生产率指数无须相关的价格信息。这个优势在实际使用过程中是尤为重要的。第二，Malmquist 生产率指数可以进一步分解为生产效率变化以及技术进步变化这两部分。Malmquist 生产率指数也存在一定缺陷：一个是该方法不能对单一样本进行测算，另一个是 Malmquist 生产率指数对于样本的容量也有较为严格的要求，因此对于小样本的测算功效可能会相对较低。

可以看出，技术进步的衡量方法多种多样，通过比较和分析，本书主要使用基于 DEA 投入方法的 Malmquist 生产率指数来测算我国本土零售业的全要素生产率。采用 Malmquist 生产率指数法主要是由本书的样本决定的：首先，本书的样本为包含时间和个体信息的面板数据，样本规模较大，时间跨度也较长，完全可以满足 Malmquist 生产率指数法对数据结构的要求。其次，本书使用统计数据中包含有从业人员数、固定资产合计等方面的投入信息，也含有主营业务收入、主营业务利润等零售业的产出信息，但是却没有要素价格和价值份额等方面的数据，所以能够很好地突出 Malmquist 生产率指数法在测算全要素生产率方面的优势，而与此同时克服数据中存在的不足。因此，本书最终选择使用 Malmquist 生产率指数法来测算我国本土零售业的全要素生产率。

4.1.3　基于 DEA 方法的 Malmqusit 指数

本书将采用基于投入的 DEA 投入方法来测算 Malmquist 生产率指数，具体可以通过图 4-3 和图 4-4 来说明。假设一组经济单位（DMU）使用 x_1 和 x_2 两种要素投入来生产产品 y。从图 4-4 中可以发现，技术边界在从 Q_1 向 Q_2 移动，这个移动表示的是技术前沿的变动，也就是技术变迁 TC。

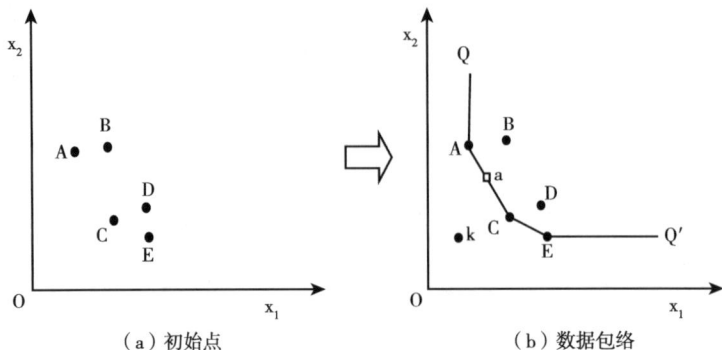

（a）初始点　　　　　　　　　（b）数据包络

图4－3　基于投入的技术效率测算

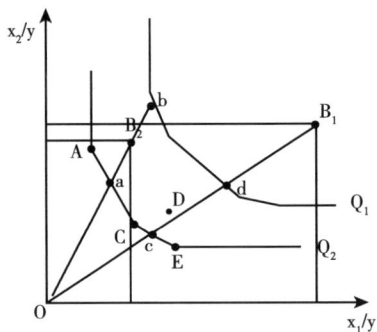

图4－4　Malmquist 生产率指数的测算及分解

图4－3所体现的思想可以进一步衡量劳动生产效率随时间的变动情况，即 Malmquist 生产率指数，而图4－4则能够进一步体现它的构成和测算思想。图4－4中，有两时期技术前沿 Q_1 和 Q_2，有 B 经济单位两个不同时期观测点 B_1 和 B_2。B_1 到 Q_1 的距离相比较 B_2 到 Q_2 的距离要远，因此 B 存在正向的技术追赶，逐渐向技术前沿靠近。

令 E_{ij} 表示某个经济单位在时期 j 相对于技术边界 i 的技术效率，根据以上对于图4－4的分析可知，$E_{11} = Od/OB_1$；相应的，用 E_{21} 来代表某经济单位相对于技术边界2的技术效率。类似的定义 E_{12} 和 E_{22}，相应得到 $E_{21} = Oc/OB_1$，$E_{12} = OB_2/Ob$。则参照不同时期的技术前沿，B 在时期1与时期2间的技术变动情况可以表示为：

$$M_1(1,2) = \frac{E_{12}}{E_{11}} = \frac{OB_2/Ob}{OB_2/Od} \tag{4.16}$$

$$M_2(1,2) = \frac{E_{22}}{E_{21}} = \frac{OB_2/Oa}{OB_1/Oc} \tag{4.17}$$

其中，$M_1(1,2)$ 表示参照第 1 期的技术前沿所计算出的全要素生产率在时期 1 和时期 2 内的变动；类似的，$M_2(1,2)$ 表示参照第 2 期的技术前沿所得出的全要素生产率变动情况。相比较而言，能够对全要素生产率变动的更好度量的是相邻年份的 Malmquist 生产率指数的平均值。所以衡量 B 的全要素生产率变动情况的 Malmquist 指数为：

$$\begin{aligned} M(1,2) &= \left[(E_{12}/E_{11}) \times (E_{22}/E_{21}) \right]^{1/2} = \left(\frac{OB_2/Ob}{OB_1/Od} \times \frac{OB_2/Oa}{OB_1/Oc} \right)^{1/2} \\ &= \left(\frac{OB_2/Oa}{OB_1/Od} \right) \left(\frac{OB_2/Ob}{OB_2/Oa} \times \frac{OB_1/Od}{OB_1/Oc} \right)^{1/2} \\ &= (OB_2/OB_1) \left(\frac{Oa/Ob}{Od/Oc} \right)^{1/2} \end{aligned} \tag{4.18}$$

Malmquist 生产率指数可以写为：

$$M(1,2) = \left[M_1(1,2) \times M_2(1,2) \right]^{1/2} = E_{22}/E_{11} \left[(E_{12}/E_{11})(E_{21}/E_{11}) \right]^{1/2} \tag{4.19}$$

其中，$M_i(1,2) = E_{i2}/E_{i1} = (E_{22}/E_{11}) \left(\frac{E_{i2}/E_{i2}}{E_{i1}/E_{i1}} \right)$，$i = 1, 2$，表示参照技术前沿的时期；$(E_{22}/E_{11})$ 即技术前沿的变动 TP，$\left[(E_{12}/E_{11})(E_{21}/E_{11}) \right]^{1/2}$ 体现了技术效率的变化程度。

图 4-4 展示了基于 DEA 投入法的 MI 生产率指数的思想和过程。据 Fare 等（1994）的观点，最佳时间前沿面或者参考技术可以通过三种等价的方式表示：曲线图、产出可能性集、投入要素集。在 DEA 方法下，每一期在规模报酬保持不变以及投入要素可处置条件下的参考技术定义为：

$$L^t(y^t \mid C,S) = \begin{cases} (X_1^t, \cdots, x_N^t) : y_{k,m}^t \leqslant \sum_{k=1}^K z_k^t y_{k,m}^t, m = 1, \cdots, M; \\ \sum_{k=1}^K Z_k^t Y_{k,n}^t \leqslant x_{k,n}^t, n = 1, \cdots, N; \\ z_k^t \geqslant 0, k = 1, \cdots, K \end{cases} \tag{4.20}$$

z 的数值衡量的是每个观测值的权重，因此相应的 Farrel 技术效率的非参数模型为：

$$F_i^t(y^t, x^t \mid C, S) = \min\theta^k \tag{4.21}$$

$$\text{s. t} \quad y_{k,m}^t \leqslant \sum_{k=1}^{K} z_k^t y_{k,m}^t, m = 1, \cdots, M$$

$$\sum_{k=1}^{K} Z_k^t x_{k,n}^t \leqslant x_{k,n}^t, n = 1, \cdots, N$$

$$z_k^t \geqslant 0, k = 1, \cdots, K$$

根据上式可以获得技术效率的指标。另外，还需要引入距离函数（Distance Function）来得到生产效率随时间变化的 Malmqusit 生产率指数。可以定义参考技术 $L^t(y^t \mid C, S)$ 条件下的投入距离函数为：

$$D_i^t(y^t, x^t) = 1/F_i^t(y^t, x^t \mid C, S) \tag{4.22}$$

该指数测度技术效率从 t 期到 t+1 期的变化情况。相似的，在 t+1 时期的技术条件下测算相应变化的 MI 生产率指数。

$$M_t^{t+1} = D_t^{t+1}(x^t, y^t) / D_t^{t+1}(x^{t+1}, y^{t+1}) \tag{4.23}$$

通过前面的分析，可以使用两个连续时期的 MI 生产率指数的几何平均值来代表从时期 t 到时期 t+1 的全要素生产率变动情况：

$$
\begin{aligned}
M_i(x^{t+1}, y^{t+1}; x^t, y^t) &= \left\{ \left[\frac{D_i^t(x^t, y^t)}{D_i^t(x^{t+1}, y^{t+1})} \right] \left[\frac{D_i^{t+1}(x^t, y^t)}{D_i^{t+1}(x^{t+1}, y^{t+1})} \right] \right\}^{1/2} \\
&= \frac{D_i^t(x^t, y^t)}{D_i^t(x^{t+1}, y^{t+1})} \left[\frac{D_i^{t+1}(x^{t+1}, y^{t+1})}{D_i^t(x^{t+1}, y^{t+1})} \times \frac{D_i^{t+1}(x^t, y^t)}{D_i^t(x^t, y^t)} \right]^{1/2} \\
&= EC(x^{t+1}, y^{t+1}; x^t, y^t) TP(x^{t+1}, y^{t+1}; x^t, y^t)
\end{aligned} \tag{4.24}
$$

Malmqusit 生产率指数可以进一步分解为：

$$
\begin{aligned}
M &= EC(x^{t+1}, y^{t+1}; x^t, y^t) TP(x^{t+1}, y^{t+1}; x^t, y^t) \\
&= PC(x^{t+1}, y^{t+1}; x^t, y^t) \times SC(x^{t+1}, y^{t+1}; x^t, y^t) \\
&\quad \times TP(x^{t+1}, y^{t+1}; x^t, y^t)
\end{aligned} \tag{4.25}
$$

如果测算出的 MI 生产率指数的数值等于 1，则说明不存在明显的生产率变动；但是如果 MI 生产率指数的数值大于 1，就表明产生了伴随时间变化的全要素生产率增长。

4.2　中国零售业全要素生产率的测算：2005 ~ 2011 年

4.2.1　指标选择及数据来源

行业层面全要素生产率的测算需要产出、劳动投入以及资本投入三个方面的指标。服务业产出变量选择方面，部分学者选用服务业各行业增加值作为产出的衡量指标（例如，Mahadevan，2000；王恕立和胡宗彪，2012；凌继全，2012；刘兴凯和张诚，2010），周文博等（2013）采用 2003 年为基年的价格水平，用产值指数推算以 2003 年不变价格表示的服务业增加值。也有学者使用服务业的当期生产总值作为产出的衡量指标（原毅军，刘浩和白楠，2009）。单独针对零售企业层面，方虹等（2009）采用利税总额、主营业务收入和每股收益等指标来衡量零售企业的产出；黄漫宇（2013）使用主营业务收入、主营业务利润和商品销售毛利来作为零售企业的产出的衡量变量。可以发现，由于研究目标和数据可获得性方面的差异，学者们往往会选取不同的指标来作为服务业全要素生产率测算的产出变量。

在服务业的投入变量指标选择方面，大多数学者对基于 DEA-Malmquist 指数法计算的服务业投入变量选择劳动投入和资本投入两个指标。劳动投入一般以各服务业年底的从业人数来代替；资本投入一般使用永续盘存法并结合资产价格指数来核算资本存量。按照永续盘存法的计算，确定一年的资本存量数据必须要获得至少四个方面的数据：一是初始年份的资本存量数据；二是逐年新增的投资数据，即每年的净投资额；三是资产停留在资本存量的时间长度，也就是资本存量的折旧率；四是资产的价格变化指标，即资产价格的平减指数。单独针对零售业的全要素生产率测算方面，方虹等（2009）采用总资本（固定资本和流动资本合计）、员工总人数和主营业务成本来衡量零售企业的投入；黄漫宇（2013）使用固定资产、年末从业人数、主营业务成本、费用率以及实收资本来作为零售企业投入的衡量指标。

借鉴已有研究的做法，并结合本书数据的可获得性，本书选择以零售业主营业务收入来作为测算零售业全要素生产率的产出变量，而以当期（年末）零售业的就业人员总数作为零售业的劳动力投入指标。资本存量则需是在零售业当期固定资产合计数据的基础上，利用永续盘存法和固定资产投资价格指数来做进一步的估算。Goldsmith（1951）开创了测算资本存量的永续盘存法，并被广泛地采用，其基本公式为：

$$K_t = \frac{I_t}{P_t} + (1 - \delta)K_{t-1} \tag{4.26}$$

其中，P_t 是 t 期的价格指数，I_t 是 t 期使用当期价格计算的投资额，δ 为折旧率。永续盘存法计算资本存量的基本思路是：第 t 期的资本存量 K_t 是从上一期留存下来的资本存量 $(1 - \delta)K_{t-1}$ 与 t 期的实际投资 I_t/P_t 的总和。所以采用永续盘存法估算资本存量涉及四个方面的工作：投资流量指标的选取、价格指数的选取、基期资本存量 K_0 的估计以及折旧率的设定等。借鉴张军等人（2005）和赵志耘等人（2011）的方法：首先，在本书估算资本存量过程中，以各地区在不同年份的固定资产投资价格指数来平减零售业当期的投资流量；其次，使用固定资产合计总额作为零售业当期的投资流量指标；再次，基期资本存量按照通常文献使用方法计算，即 $K_0 = I_0/(g + \delta)$，g 是样本期内投资年均增长率，δ 为综合折旧率；最后，根据我国的情况，综合折旧率一般设定为 5%。确定了以上各要素之后，就可以根据永续盘存法的计算公式来估算我国各省、自治区和直辖市在 2005 ~ 2011 年的资本存量。

数据来源方面：零售业的主营业务收入、固定资产合计总额以及从业人员数均来自 2006 ~ 2011 年《中国贸易外经统计年鉴》，固定资产投资价格指数获取自中国统计年鉴数据库。其中，安徽、吉林和河北等地区在 2009 年的主营业务收入数据缺失，本书是以相邻两年的平均值作为替代，虽然从统计意义上来说并未增加有效的统计信息，但能够保证时间维度上的持续而使得全要素生产率的测算得以顺利进行。在以上的基础上，本书使用零售业的主营业务收入来作为产出变量，以当期从业人员数作为劳动投入变量，以永续盘存法结合固定资产合计、固定资产价格投资指数和 5% 的折旧率来测算资本存量，并最终基于 DEA 投入法的 Malmqusit 生产率指数来计算我国各省、直辖市和自治区零售业的全要素生产率。需要说明的是，本书测算我国零售业全要素生产率使用的软件是 DEAP 2.1。

4.2.2 我国零售业全要素生产率变化情况的对比分析

表 4 - 1 呈现的是我国零售业在 2005 ~ 2011 年全要素生产率的总变化情况，包括技术效率、技术进步、纯技术以及规模效率变化等内涵因素，它们会导致全要素生产率发生变化。从全国平均水平看，2005 ~ 2011 年我国零售业全要素生产率增长率为 15.5%，与其他服务业行业相比处于较快的水平（顾乃华，2008）。技术效率提升幅度为 0.7%（其中规模效率变化为 0.997），技

术进步率为15.0%。总体来看,技术效率提升和技术进步这两方面都对我国
零售业的全要素生产率增长做出了贡献,但技术进步是主要的贡献力量,技术
效率的作用则明显偏低。分地区来看,所有省、自治区和直辖市的零售业全要
素生产率均呈现正向增长的趋势,类似的还有技术进步效率指标,年均增长率
都超过了10%,但有14个地区的零售业技术效率变化呈现负向增长的趋势,
其中大多为中部和东部地区的省份。

表4－1　　各省份零售业全要素生产率平均变化情况（2005～2011年）

地区	技术效率变化 （effch）	技术进步 （techch）	纯技术变化 （pech）	规模效率变化 （sech）	TFP
广东	0.955	1.15	1	0.955	1.099
云南	0.942	1.17	0.957	0.985	1.102
吉林	0.959	1.151	0.959	1	1.103
四川	1	1.111	1	1	1.111
北京	0.985	1.129	1	0.985	1.112
福建	0.97	1.148	0.969	1	1.113
安徽	0.982	1.137	0.986	0.996	1.116
浙江	0.985	1.144	1	0.985	1.126
上海	1	1.132	1.006	0.994	1.132
湖南	0.98	1.159	0.971	1.009	1.136
重庆	0.996	1.141	1.002	0.995	1.137
江西	0.978	1.166	1	0.978	1.14
河北	0.986	1.163	0.986	1	1.146
江苏	0.988	1.161	0.987	1.001	1.147
天津	1.012	1.136	1.011	1.001	1.150
山东	0.987	1.166	1	0.987	1.151
辽宁	1.003	1.152	1.005	0.998	1.155
广西	0.998	1.164	0.999	0.999	1.161
海南	1.008	1.157	1	1.008	1.167

续表

地区	技术效率变化 （effch）	技术进步 （techch）	纯技术变化 （pech）	规模效率变化 （sech）	TFP
山西	1.015	1.156	1.012	1.004	1.173
新疆	1.035	1.135	1.033	1.001	1.175
贵州	1.001	1.176	1.02	0.981	1.177
河南	1.011	1.175	1.001	1.01	1.188
湖北	1.017	1.168	1.018	1	1.188
青海	1.046	1.138	1.055	0.991	1.19
陕西	1.038	1.149	1.031	1.007	1.192
黑龙江	1.057	1.132	1.054	1.003	1.197
西藏	1.057	1.132	1	1.057	1.197
内蒙古	1.057	1.137	1.049	1.007	1.202
甘肃	1.049	1.162	1.045	1.003	1.218
宁夏	1.048	1.162	1.074	0.976	1.218
全国平均	1.005	1.150	1.007	0.997	1.155

　　从我国省、自治区和直辖市的零售业全要素生产率在 2005～2011 年的变化情况来看，中西部地区一些省份表现得较为突出，其中，宁夏和甘肃两地的零售业平均全要素生产率增幅最快，均达到了 21.8%；其次是内蒙古、西藏和黑龙江，分别为 20.2%、19.7% 和 19.7%；最低的是广东、云南和吉林，平均全要素生产率变化分别为 9%、3% 和 2%。技术效率变化方面，黑龙江、西藏和内蒙古表现得较为突出，均达到了 5.7%；紧随其后的是甘肃、宁夏和青海，分别为 4.9%、4.8% 和 4.7%；技术效率变化幅度最低的是云南和广东，分别为 0.942 和 0.955，均低于 1；技术效率变化情况与全要素生产率的变化情况基本保持一致。从技术进步指标来看，贵州和河南在 2005～2011 年的技术进步程度最大，分别达到了 17.6% 和 17.5%；其次分别为云南、湖北、山东（江西），技术进步程度分别为 17%、16.8% 和 16.6%；技术进步程度最低的是北京和四川，只有 12.9% 和 11.1%。技术进步程度总体上明显要高于技术效率的提升幅度。本书的研究结论与一些主要文献的结论总体

一致。

　　表 4 - 2 和图 4 - 5 呈现的是我国零售业全要素生产率在 2005～2011 年的变化情况，此期间我国零售业全要素生产率的平均年增长率达到了 15.6%，其中技术效率增长率为 0.7%，技术进步率为 15.1。进一步分析可以发现，在此期间我国零售业的全要素生产率都一直呈现出持续增长的态势，并在 2008 年的增长率达到了最高值 22.4%；其次稍有回落，但也在 15% 和 17% 之间变化，总体表现出较快的增长幅度。2006 年和 2007 年零售业的全要素生产率主要是由技术进步推动的，此期间我国零售业的技术进步程度一度处于较高的水平，分别达到了 22.2% 和 19.1%，而技术效率则一直低于 1，分别为 0.895 和 0.957，技术效率呈现了一定幅度的退步。而到了 2008 年，我国零售业全要素生产率表现出较快的增长幅度，这主要是由技术效率提升和技术进步这两方面共同推进的，并且技术效率的显著提升是导致零售业全要素生产率大幅增长的核心因素，与此前技术效率的退步形成了较为鲜明的对比。此后的两年内，技术效率提升和技术水平的进步都在共同推动我国零售业全要素生产率的提高。但在 2011 年，零售业的技术效率又出现了小幅回落，当期值为 0.994，虽然当年的技术进步程度达到了 2008 年以来的最高水平，但由于技术效率的原因，当年的全要素生产率仍较去年出现了一定程度的回落。

表 4 - 2　　全国零售企业全要素生产率总体变化情况（2005～2011 年）

年份	技术效率变化	技术进步	纯技术变化	规模效率变化	全要素生产率
2005～2006	0.895	1.222	0.975	0.918	1.094
2006～2007	0.957	1.191	0.951	1.006	1.14
2007～2008	1.12	1.093	1.089	1.028	1.224
2008～2009	1.066	1.079	1.021	1.044	1.150
2009～2010	1.01	1.158	1.004	1.005	1.169
2010～2011	0.994	1.164	1.007	0.987	1.157
平均	1.007	1.151	1.008	0.998	1.156

　　可以判定，我国零售业全要素生产率在 2005～2011 年均处于较大幅度增长阶段，并且虽然技术效率提升和技术进步都对零售业的全要素生产率增长做出了贡献，但技术进步是主要的贡献力量，技术效率的作用显著偏低，甚至在

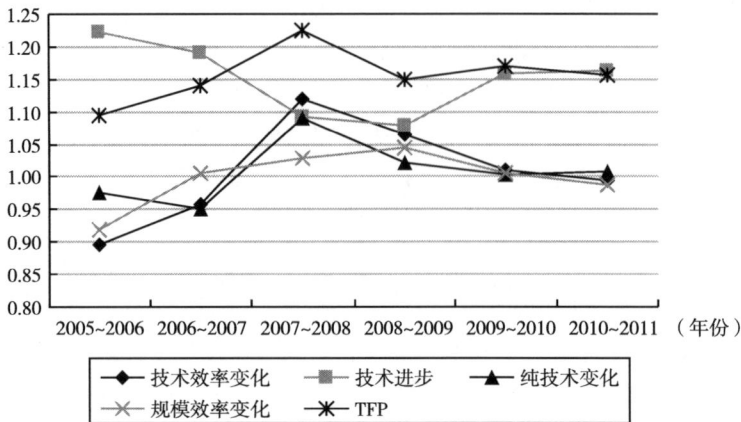

图 4 – 5   2005 ～ 2011 年中国零售业全要素生产率变化情况

某些年份制约了零售业全要素生产率的增长。本书的研究与刘兴凯、张诚
（2010）的论点是基本一致的。同时，这也表明较低水平的效率状况使得我国
零售业发展过程中尚未充分挖掘现有资源和技术方面的潜力（顾乃华，
2008），因此利用效率的改善提高零售业增长还有较大的余地。以上的分析表
明，我国零售业发展的粗放型特点依然十分明显，零售业增长模式由粗放型向
集约型转变的过程还没有真正实现（刘兴凯，张诚，2010）。

表 4 – 3 呈现的是我国东部地区零售业全要素生产率在 2005 ～ 2011 年的变
化情况。总体来看，东部地区零售业的全要素生产率平均增长率为 13.8%，
低于全国平均水平 1.7 个百分点（全国零售业全要素生产率平均增幅为
15.5%）。其中技术效率提升低于 1，为 0.99；技术进步率达到了 15.0%。显
然，东部地区零售业在这一时间段内的全要素生产率增长主要是由技术进步这
一因素推动的，技术效率因素对东部地区零售业全要素生产率增长产生了明显
的抑制作用。分地区来看，海南和广西两地的零售业全要素生产率增幅最快，
分别达到了 16.7% 和 16.1%，且这一过程中起主要推动作用的是技术进步因
素，且广西由于技术效率的迟滞，限制了零售业全要素生产率的进一步提升；
其次是辽宁和天津，也分别达到了 15.1% 和 15.0%，同样的，技术进步成为
推动这两个地区零售业全要素生产率快速增长的主要因素，而技术效率因素也
起到了一定的作用。零售业全要素生产率增幅最小的是经济最为发达的广东和
北京，此期间的增幅仅有 9.9% 和 11.2%。

表 4 – 3　　　　　东部地区零售业全要素生产率变化情况（2005～2011 年）

地区	技术效率变化	技术进步	纯技术变化	规模效率变化	TFP
东部地区	0.990	1.150	0.997	0.993	1.138
北京	0.985	1.129	1	0.985	1.112
天津	1.012	1.136	1.011	1.001	1.15
河北	0.986	1.163	0.986	1	1.146
辽宁	1.003	1.152	1.005	0.998	1.155
上海	1	1.132	1.006	0.994	1.132
江苏	0.988	1.161	0.987	1.001	1.147
浙江	0.985	1.144	1	0.985	1.126
福建	0.97	1.148	0.969	1	1.113
山东	0.987	1.166	1	0.987	1.151
广东	0.955	1.15	1	0.955	1.099
广西	0.998	1.164	0.999	0.999	1.161
海南	1.008	1.157	1	1.008	1.167

　　表 4 – 4 呈现的是我国中部地区零售业全要素生产率在 2005～2011 年的变化情况。总体来看，中部地区零售业的全要素生产率平均增长率为 15.8%，与全国平均水平基本持平，其中技术效率提升幅度为 1.006；技术进步率达到了 15.1%。中部地区零售业在这一时间段内的全要素生产率增长主要是由技术效率提升和技术进步两方面因素共同推动的，但技术进步的积极作用更为明显。分地区来看，内蒙古和黑龙江两地的零售业全要素生产率增幅最快，分别达到了 20.2% 和 19.7%，技术效率的提升和技术水平的进步共同推动着内蒙古零售业全要素是生产率的快速增长，而黑龙江由于技术效率的迟滞，限制了该地区零售业全要素生产率的进一步提升；其次是湖北和山西，也分别达到了 18.8% 和 17.3%。中部地区零售业全要素生产率增幅最小的是经济最为发达的吉林和安徽，此期间的增幅仅有 10.3% 和 11.6%，主要原因是这两地的技术进步率偏低，而技术效率提升方面的迟滞又进一步制约了全要素生产率的提升。

表 4 – 4　　　　　中部地区全要素生产率变化情况（2005～2011 年）

地区	技术效率变化	技术进步	纯技术变化	规模效率变化	TFP
中部地区	1.006	1.151	1.005	1.001	1.158
安徽	0.982	1.137	0.986	0.996	1.116
河南	1.008	1.157	1	1.008	1.167
黑龙江	1.057	1.132	1.054	1.003	1.197
湖北	1.017	1.168	1.018	1	1.188
湖南	0.98	1.159	0.971	1.009	1.136
吉林	0.959	1.151	0.959	1	1.103
江西	0.978	1.166	1	0.978	1.14
内蒙古	1.057	1.137	1.049	1.007	1.202
山西	1.015	1.156	1.012	1.004	1.173

　　表 4 – 5 呈现的是我国西部地区零售业全要素生产率在 2005～2011 年的变动情况。可以发现，西部地区零售业的全要素生产率非常明显，平均增长率达到了 17.2%，不仅高出全国平均水平 1.7 个百分点，同时也高于东部和中部地区。其中，西部地区零售业的技术进步率为 14.8%，而技术效率平均提升幅度也达到了 2.1%。观察表 4 – 5 可以发现，除了云南和重庆两地零售业的技术效率变化低于 1 之外，其余地区的技术效率提升幅度均超过了 1，最高的甘肃地区达到了 4.8。显然，技术效率和技术水平这两方面的共同作用导致了这一期间西部地区零售业全要素生产率的快速增长。分地区来看，宁夏和西藏两地的零售业全要素生产率增幅最快，分别达到了 21.8% 和 19.7%；其次是陕西和青海，分别达到了 19.2% 和 19.0%；零售业全要素生产率增幅最小的是云南和四川，此期间的增幅仅有 10.2% 和 11.1%。

表 4 – 5　　　　　西部地区全要素生产率变化情况（2005～2011 年）

地区	技术效率变化	技术进步	纯技术变化	规模效率变化	TFP
西部地区	1.021	1.148	1.022	1.000	1.172
甘肃	1.049	1.162	1.045	1.003	1.218
贵州	1.001	1.176	1.020	0.981	1.177
宁夏	1.048	1.162	1.074	0.976	1.218
青海	1.046	1.138	1.055	0.991	1.190

地区	技术效率变化	技术进步	纯技术变化	规模效率变化	TFP
陕西	1.038	1.149	1.031	1.007	1.192
四川	1.000	1.111	1.000	1.000	1.111
西藏	1.057	1.132	1.000	1.057	1.197
新疆	1.035	1.135	1.033	1.001	1.175
云南	0.942	1.170	0.957	0.985	1.102
重庆	0.996	1.141	1.002	0.995	1.137

为了更好地分析我国不同地区零售业全要素生产率的变化趋势，本书还从地区和时间两个维度分别进行了分析（如表4-6所示），并通过图4-6、图4-7和图4-8来做较为直观的呈现。

表4-6　东、中、西部地区零售业全要素生产率在2005~2011年间的变化趋势

地区	年份	技术效率变化	技术进步	全要素生产率
东部地区	2005~2006	1.002	1.345	1.232
	2006~2007	1.040	1.347	1.281
	2007~2008	1.188	1.173	1.276
	2008~2009	1.111	1.153	1.172
	2009~2010	1.132	1.276	1.323
	2010~2011	1.056	1.256	1.213
中部地区	2005~2006	0.889	1.245	1.104
	2006~2007	0.936	1.150	1.072
	2007~2008	1.128	1.106	1.249
	2008~2009	1.120	1.088	1.221
	2009~2010	0.994	1.146	1.137
	2010~2011	1.040	1.206	1.243
西部地区	2005~2006	0.892	1.194	1.062
	2006~2007	1.008	1.189	1.199
	2007~2008	1.214	1.105	1.335
	2008~2009	1.100	1.102	1.212
	2009~2010	1.002	1.156	1.157
	2010~2011	1.002	1.154	1.148

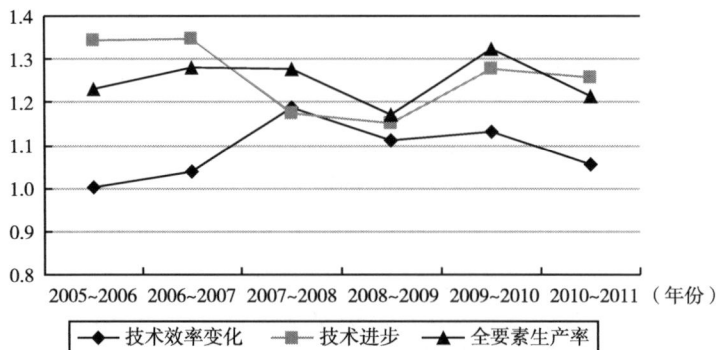

图 4 - 6　东部地区零售业全要素生产率变化趋势（2005～2011 年）

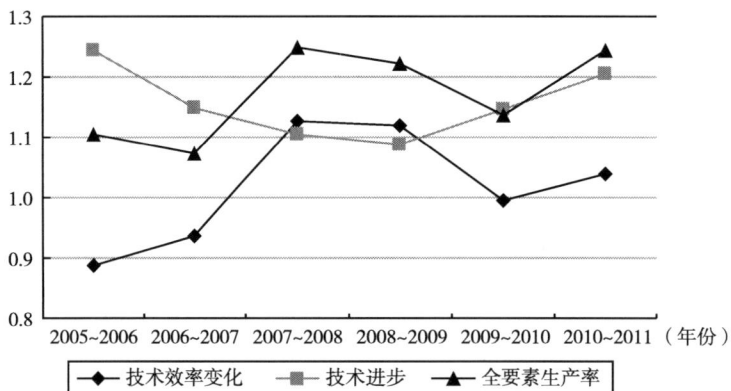

图 4 - 7　中部地区零售业全要素生产率变化趋势（2005～2011 年）

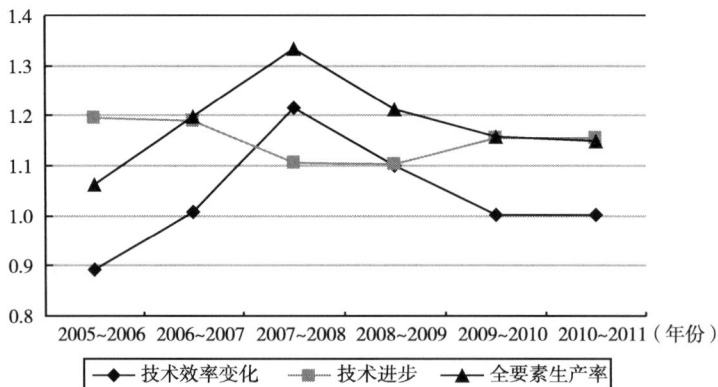

图 4 - 8　西部地区零售业全要素生产率变化趋势（2005～2011 年）

　　从图 4 - 6 可以看出，东部地区零售业全要素生产率在 2005 ~ 2011 年总体保持稳定，在个别年份有所波动。2005 ~ 2008 年东部地区零售业的全要素生产率呈缓慢上升态势，但在 2009 年有所下降，2010 年攀升后又呈现下降趋势，但总体上保持在 1.2 ~ 1.3。从技术效率变化指标看，东部地区零售业的技术效率在 2005 ~ 2008 年都一直出现持续提升的态势，并在 2008 年达到最高值，之后开始逐渐下降。总体上看，技术效率的变化趋势与全要素生产率的变化趋势大致保持一致。从技术进步这一指标看，东部地区零售业技术效率的变化在 2005 ~ 2011 年出现一个"U"形趋势，在 2006 年和 2007 年保持一个较高水平，但此后开始逐步下降，并在 2009 年达到一个最低值，此后又开始逐渐上升。从曲线走势来看，技术进步的变化略微先于全要素生产率的变化，一定程度上反映出技术水平的变化是驱动东部地区零售业全要素生产率变化的关键因素。

　　如图 4 - 7 所示，中部地区零售业的全要素生产率变化趋势总体类似于一个"W"形，即在刚开始的时候呈下降趋势，自 2007 年之后开始上升，并在 2008 年达到最高值，此后又开始下降，如此反复。其中 2006 年和 2010 是两个低点，而 2008 年和 2011 年则是两个高点。技术效率的变化总体呈现出一个倒"U"形，即在开始的时候一直呈现上升态势，在 2008 年和 2009 年保持一个较高水平，然后又开始下降。从技术进步指标来看，中部地区零售业的技术进步开始呈现持续下降的趋势，在 2009 年探底，但此后又开始逐渐上升，表现出一个明显的"U"形。虽然根据前文的分析，中部地区的技术进步是推动该地区零售业全要素生产率增长的关键因素，但从趋势变化来看，全要素生产率的变化趋势与技术效率的变化趋势二者表现出较高的一致性。

　　与中部地区的情况较为类似的是，西部地区零售业的全要素生产率变化趋势与技术效率变化趋势几乎保持一致，都表现出在初期持续上升，并在 2008 年达到一个最大值，此后开始逐年下降并在 2010 年后保持平稳。而技术进步的变化幅度很小，在此期间基本在 1.1 ~ 1.2 小幅波动，2008 年和 2009 年处于一个较低的水平，而其他年份则基本相同，如图 4 - 8 所示。

4.3　本章小结

　　本章主要结合 2005 ~ 2011 年的统计数据，对我国本土零售业的全要素生产率进行测算。全要素生产率有参数和非参数等多种测算方法可供选择，主要有索洛余量法、隐性变量法、随机前沿生产函数法和数据包络法等。在综合分析和比较的基础上，本书最终选择基于 DEA 投入法的 Malmqusit 生产率指数法来测算我国本土零售业的全要素生产率，并进行了多维度的分析。研究结论主要有以下几个方面：

（1）总体看，虽然在某些年份有所波动，我国本土零售业的全要素生产率处于增长状态。

（2）从分地区角度看，西部地区零售业全要素生产率增速显著高于其他地区，其次是中部地区，东部地区零售业全要素生产率增速最为缓慢。

（3）具体到省、自治区和直辖市层面，宁夏、甘肃、内蒙古以及黑龙江等地区的零售业全要素生产率较快，保持在 20% 左右，最低的则是广东、云南和吉林等地区，零售业全要素生产率的年增速均保持在个位数。

（4）从零售业全要素生产率的驱动因素看，虽然技术效率提升和技术进步都对零售业的全要素生产率增长做出了贡献，但技术进步是主要的贡献力量，技术效率的作用显著偏低，甚至在某些年份制约了全要素生产率的增长；但从技术进步指标分析，一些地区的技术进步速度很高，但因为技术效率的制约，使得这些地区的零售业全要素生产率增速处于较低的水平。

第5章 外商直接投资与中国零售业全要素生产率关系的实证分析

　　到目前为止，用于外商直接投资技术溢出效应的经验研究的模型有两大类，一类是由 Cave（1974）首创，后经过 Globeman（1979）、Blomström 和 Persson（1983）以及 Blomström（1986）发展的，至今仍被众多学者使用的模型形式。学者们将东道国内资企业的劳动生产率或全要素生产率与其所在行业中跨国企业的参与程度联系起来考虑。如果通过相关的数据进行经验研究的结果表明，东道国内资企业的劳动生产率与其所在的跨国企业的参与程度呈显著的正相关关系，外商直接投资的溢出效应就被认为是存在的；反之，如果这种关系不成立，则认为外商直接投资的参与并没有产生对内资企业劳动生产率的溢出效应（Gorg & Alexander，2004）。

　　由 Cave（1974）创造的计量模型用于检验外商直接投资行业内溢出效应的研究拉开了这一研究领域经验研究的序幕，此后，这方面的研究沿用 Cave（1974）的模型和思路，随着研究方法的发展和各国的特点以及数据的可获得性，有了更多的不断深入和发展（Mona & Harrison，1993；Aitken & Harrisson，1999；Grima & Gong，2008；Waldkirch，2010）。Cave（1974）首次将外商直接投资对东道国市场与企业的有益的溢出效应划分为三种类型：分配效率、技术效率和技术转让。其中，分配效率是指跨国企业对那些原本进入障碍较高的行业的参与，会打破东道国行业中原有的垄断态势，提高这些行业中资源的分配效率，使东道国行业从中受益。技术效率是指跨国企业同与之竞争或与之发生供应链或买卖行为的东道国本土企业相比存在更高的技术和管理水平，这会使之与本土企业与之竞争或在其示范效应下获益。技术转让是指相对于其他形式的技术转让，由于跨国企业会使其东道国的分公司加速进行技术转让和技术创新，它们的这种行为会加速它们对东道国与之竞争或发生其他联系的东道国企业的技术扩散。针对这三种形式的溢出效应，Caves 设计了两种检验方法：第一种针对分配效率进行；第二种针对技术效率和技术转让设计的检验方法。

针对技术效率和技术转让设计的检验方法模型的基本形式是:

$$LP = f(FDI, X1, X2, \cdots)$$

其中,LP 表示东道国企业人均劳动生产率;FDI 表示外资参与程度;X1,X2 表示相关的其他变量。

Cave(1974)使用人均工业增加值作为人均劳动生产率的代理变量。由于 Cave(1974)所描述的技术效率和技术转让是公认的东道国的受益形式,此后,大多数学者都采用这一指标。即使 Cave(1974)指出这一指标有一定欠缺,因为指标中只包含一种投入要素(劳动力)的效率,当时主要因为数据的可得性而使用这一指标。之后,这一指标被非常普遍地采用。陈涛涛(2004)认为原因主要有两个:第一,由于其他的学者遇到和 Cave 一样的数据可得性的限制;第二,可能出于和前人类似研究进行对比的需要。Globeman(1979)、Blomström 和 Persson(1983)使用了同样的被解释变量进行研究,而 Blomström(1986)采用"本土企业的生产效率"这一指标来替代 Cave(1974)的"人均劳动生产率"指标。其指标的具体构成为,用本土企业在某一特定行业中的平均人均劳动生产率与该行业中人均劳动生产率最高的企业的劳动生产率的差额,除以该行业中人均劳动生产率最高的企业的劳动生产率。这一指标反映了特定行业中企业劳动生产效率差距的变化。Blomström(1986)借鉴 Farrell(1957)边际效率的方法,参照 Carlsson(1974)对技术效率的衡量指标,即整个行业的技术效率可以用行业中具有最佳效率企业的生产效率值与行业中企业的平均效率水平差异来衡量,研究了行业的生产效率。Blomström(1986)通过一个行业中现有企业的劳动生产率的相对表现来反映行业的技术结构,以此来深入研究东道国技术结构的变化。

近年来,学者们认识到 Cave(1974)使用劳动生产率这一指标的欠缺性,因为指标中只包含一种投入要素(劳动力)的效率,而随着数据的可得性和各种方法的发展,全要素生产率被应用到研究中国的外商直接投资的溢出效应中来(Grima & Gong,2008;Du & Harrison,2011)。这种模型在衡量外资的技术溢出效应时,需要确定因果关系的方向。可能行业产出与外资进入存在正相关是由于跨国公司进入高生产率产业而不是有生产率溢出效应。这种正相关关系可能是外商直接投资进入迫使较少的企业存在或者跨国公司增加东道国的市场份额引起的,两者都会提高行业的平均生产率(Javorcik,2004)。

另一类是以 C–D 生产函数模型为基础构造的基础模型，或者说是从 C–D 生产函数演化而来。C–D 生产函数的形式：

$$Y = AL^a K^B$$

其中，Y 表示产出，L 表示劳动力，K 表示资本，对方程两边取对数可得：

$$lnY = \gamma + \alpha lnL + \beta lnK + A'$$

学者们将外商直接投资的变量引入模型的方法是把外商直接投资的变量与全要素生产率联系起来，设定 $A' = \eta FD$，代入方程，得：

$$lnY = \gamma + \alpha lnL + \beta lnK + \eta FDI + e$$

针对中国服务业外商直接投资技术溢出方面的研究，绝大多数学者使用的是这种方法（祖强和梁俊伟，2005；查贵勇，2007；胡朝霞，2010；汪旭辉和杨东星，2011）。例如，胡朝霞（2010）估算过超越对数生产函数得到的结果表明，简单的 C–D 生产函数形式优于超越对数函数。汪旭辉和杨东星（2011）等学者们应用这一模型研究存在一个局限：就是模型右边代表行业产出，模型左边使用内资企业的劳动力、资本投入和外商直接投资资本，行业的产出增长究竟是由于外资企业本身相对较高的生产率带来的，还是外资企业的技术外溢带来的？内资企业究竟有没有从外资企业的进入中受益呢？

如果利用外商直接投资只是通过外商直接投资企业的全要素生产率提高我国零售业的技术进步，国内企业的全要素生产率并没有得到相应的提升，那么，外商直接投资并不能从根本上增强我国零售业的技术进步。因此，在研究零售业利用外资的过程中，必须研究外商直接投资对我国内资零售业全要素生产率的影响。当前国内学者对外商直接投资技术溢出的研究已经取得一定的成果，但是，大多数研究没有区别对待外商直接投资对内资零售业企业与外资零售业企业全要素生产率的影响，因而难以区别到底是内资企业还是外商投资企业全要素生产率的上升引起了我国零售业技术进步。

从计量方法来看，对于外商直接投资与东道国行业生产效率或技术水平的关系，已有大量文献从不同角度采用包括时序序列分析、面板回归分析等多种实证方法进行了论证，但这些研究大多基于这样的先验判断，即无论外商直接投资对东道国行业或企业生产效率是否产生影响，但作用方向是确定的。所以将体现生产效率或技术水平的指标作为被解释变量，而将体现外商直接投资的指标作为解释变量，并结合一些控制变量来考察外商直接投资对东道国技术水平的影响，也成为绝大多数研究这一主题的实证论文所采用的主流方法。

但是不可忽视的是，对于外商直接投资对东道国企业生产率的影响研究，学术界一直存在这样的质疑：即到底是外商直接投资的进入促进了东道国内资企业生产率的提高，还是外商直接投资直接选择了进入生产率相对较高的本地行业，也就是一个自我选择的过程？有学者采用相关分析检验外商直接投资的进入程度和相应行业中内资企业劳动生产率之间的关系，如果两者存在明显的正相关关系，则认为外商直接投资在很大程度上是选择进入了东道国劳动生产率比较高的行业。然而这一问题反映到实证领域，可能就暗示着传统的回归分析方法因为内生性问题而导致实证结论出现较大的偏误，从而直接影响研究结果。因而在计量方法的选择上需要进行充分的论证和谨慎选择。

在经济计量分析中，Granger（1987）所提出的协整方法通过线性误差修正模型（ECM）刻画了经济变量之间的线性调整机制，已成为了分析非平稳经济变量之间数量关系的最主要工具之一。与其他方法相比，协整分析在本书研究中的优势主要有以下三个方面：第一，传统的回归分析法中，横截面模型侧重于考察变量之间的长期关系，而面板回归模型则侧重于考察变量之间的短期关系。而协整分析方法不仅可以反映变量之间的短期动态关系，同时也可以体现变量间的长期稳定的均衡关系。第二，协整分析已经从早期仅能够利用时间维度信息进行的基于时间序列的分析，进一步拓展到了面板数据领域，形成了能够同时利用时间和个体信息的面板协整分析法，因而可以根据研究目的和数据结构进行灵活的选择。第三，Granger 等提出的因果关系检验方法能够较好的考察变量之间的因果关系，具体到本书的研究中可以使用该方法分析外商直接投资与我国零售业全要素生产率变化二者之间的关系。

基于以上的分析，本章的研究与已有文献相比有三个主要方面的不同：一是将内资零售业的全要素生产率与外资零售业区分，以更为细致的考察外商直接投资对我国本土零售业全要素生产率的影响；二是从外商直接总规模和外商直接投资的市场参与度这两个维度考察我国零售业外商直接投资的技术溢出效应；三是使用基于面板数据的协整分析法来考量外商直接投资与我国本土零售业全要素生产率变化这二者之间的短期动态调整关系和长期均衡关系。

具体的实证思路是：首先，对序列进行面板格兰杰因果关系检验，判断外商直接投资与我国本土零售业全要素生产率变化之间关系的方向，回答"外商直接投资的进入促进了东道国内资企业生产率的提高，还是外商直接投资直接选择了进入生产率相对较高的本地行业"这一问题；其次，进行面板单位根检验和协整关系检验，并在此基础上使用面板协整关系检验分析序列间的数量关系；最后，使用 Sims（1980）提出的向量自回归（VAR）技术进行脉冲反应（Impulse-response）分析，以进一步探索外资直接投资与我国本土零售业全要素生产率间的关系。另外，使用面板数据回归模型来考察外商直接投资对我国本土零售业全要素生产率的影响，在此过程中使用工具变量法来避免可能存在的内生问题。

5.1　外商直接投资与零售业全要素生产率的关系：基于面板协整分析

在行业层面上学者们使用面板数据进行研究，是为了解决截面数据的内生性问题。国外学者绝大多数使用制造业数据研究不同国家的技术溢出情况，而针对中国的服务业层面的研究，国内学者大多数得出的是存在正向显著的溢出。其中查贵勇（2007）研究的由批发、零售贸易餐饮加总的中国流通行业在 2003 ~ 2005 年存在不显著的负向的溢出效应。作者认为在这三个行业中，中国对外开放较早，外资进入大多以独资方式进入，从而使得溢出效应在统计上不明显。而处于这个时点，中国零售行业刚全面对外资放开，外商涌入中国零售业市场给内资企业带来的竞争冲击和压力，远大于技术溢出效应，而Haskel，Pereira 和 Slaughter（2002）研究表明外商直接投资有时滞性，因为东道国内资企业在向外资企业学习需要一定的时间和经历一个过程，因此溢出效应的发生相对于外商直接投资的进入会存在一定的滞后性。

5.1.1　数据、变量与模型

5.1.1.1　数据来源和变量设定

我国本土零售业全要素生产率数据是以零售业主营业务收入为产出变量，以从业人员数和固定资本存量分别为劳动投入变量和资本投入变量，并使用基于 DEA 投入方法的 Malmquist 指数法测算得到的。而外商直接投资数据则来自2006 ~ 2012 年《大中型批发零售和住宿餐饮企业统计年鉴》。《大中型批发零售和住宿餐饮企业统计年鉴》提供了我国各省、自治区和直辖市在不同年份的综合零售业，食品、饮料及烟草制品专门零售业，纺织、服装及日用品专门零售业，文化、体育用品及器材专门零售业，医药及医疗器材专门零售业，汽车、摩托车、燃料及零配件专门零售业，家用电器及电子产品专门零售业，五金、家具及室内专修材料专门零售，无店铺及其他零售业 9 个大类零售业子行业的港澳台资本和外商资本。[①] 本书按照不同外资类型对这 9 个零售业子行业的数据进行加总处理，能够分别获得进入我国零售业的港澳台资本和外商资本。最后，再将这两类外资加总，可以得到进入我国零售业的外资直接投资总额。

由于零售业全要素生产率变量是从 2006 年开始计算，则最终用于考量我国本土零售业全要素生产率与外资直接投资额二者关系的面板协整分析所使用的样本时间跨度为 2006 ~ 2011 年，个体数为 31 个，总观测值为 186 个。其中，零售业全要素生产率变量的均值为 1.165，标准差为 0.166，最小值为 0.81，最大值为 1.933；外商直接投资额的均值为 136985.9，标准差为 271314.7，最小值为 0，最大值为 1787068。采用了图示法对样本进行了杠杆值的检验，并未发现有偏离样本整体幅度较大的杠杆值。采用 CN (Condition Number) 判断法检验变量间是否有严重的多重共线性问题，结果显示 CN 值为 10.33，小于临界值 20，故可以判断变量间不存在严重的多重共线性问题。

5.1.1.2　计量模型设定

本书使用基于面板数据的协整检验法来考察外商直接投资与我国本土零售业全要素生产率变化之间的关系。该方法不仅能够反映变量间的长期均衡关系，也能体现变量间的短期动态关系。

基础的面板误差修正模型可以通过以下的方程表示：

$$D. y_{it} = s_i d_t + a_i (y_{it-1} - b_i x_{it-1}) + (a_{i1} D. y_{it-1} + a_{i2} D. y_{it-2} \cdots + a_{ip} D. y_{it-p})$$
$$+ (b_{i0} D. x_{it} + b_{i1} D. x_{it-1} \cdots + b_{ip} D. x_{it-p}) + e_{it} \qquad (5.1)$$

其中，$s_i d_t$ 代表的是方程的时间趋势项，而则 $a_i (y_{it-1} - b_i x_{it-1})$ 表示的是误差修正模型中的长期误差修正项。$(b_{i0} D. x_{it} + b_{i1} D. x_{it-1} \cdots + b_{ip} D. x_{it-p})$ 和 $(a_{i1} D. y_{it-1} + a_{i2} D. y_{it-2} \cdots + a_{ip} D. y_{it-p})$ 反映的是变量之间的短期动态调整关系。长期误差修正项的系数 a_i 反映了基于误差修正模型的协整关系检验的基本思想，即如果 $a_i < 0$ 并且是显著的，则变量 y 与 x 之间就存在协整关系，反之则

---

① 《大中型批发零售和住宿餐饮企业统计年鉴》中提供的外商投资指标不包含港澳台地区资本。

说明二者之间不存在显著的协整关系。

令 $c_i = -a_i \times b_i$，则有变形后的误差修正模型如下：

$$D. y_{it} = s_i d_t + (a_i y_{it-1} + c_i x_{it-1}) + (a_{i1} D. y_{it-1} + a_{i2} D. y_{it-2} \cdots + a_{ip} D. y_{it-p})$$
$$+ (b_{i0} D. x_{it} + b_{i1} D. x_{it-1} \cdots + b_{ip} D. x_{it-p}) + e_{it} \qquad (5.2)$$

于是，可以将反映外商直接投资与我国本土零售业全要素生产率变化之间关系的面板误差修正模型做如下的设定：

$$TFP_{it} = \alpha + \beta_1 FDI_{it} + u_i + v_{it} \qquad (5.3)$$

相应的分布滞后自回归模型（ARDL (1, 1, 1)) 表示为：

$$TFP_{it} = \delta_0 TFP_{it-1} + \delta_1 FDI_{it} + \delta_2 FDI_{it-1} + u_i + v_{it} \qquad (5.4)$$

将模型 (5.3) 和模型 (5.4) 合并，并将其滞后项以各变量的一阶差分来代替，于是有如下的误差修正模型：

$$D. TFP_{it} = \alpha_0 (TFP_{it-1} - \beta_1 FDI_{it}) + \alpha_1 D. FDI_{it} + v_{it} \qquad (5.5)$$

模型中下标 i 和 t 分别表示地区个体和年份。TFP 和 FDI 分别代表我国本土零售业的全要素生产率以及外商直接投资，D. TFP 和 D. FDI 分别为各变量的一阶差分项。系数 α_0 反映了模型的误差修正速度，即衡量当变量偏离均衡后向均衡点收敛的速度。系数 α_0 和 β_1 的其符号和显著程度直接决定了变量间的长期均衡关系和短期动态关系是否存在。具体的，如果 $\alpha_0 < 0$，则表明各序列存在长期稳定的均衡关系，如果 $\alpha_0 = 0$，表明变量之间不存在协整关系。变量间关系的方向和影响程度通过系数 β_1 的大小和符号来体现，而系数 α_1 反映了外商直接投资与我国本土零售业全要素生产率变化之间的短期动态调整关系。

5.1.2 面板单位根与协整关系检验

对于面板单位根检验，可以考虑如下基于面板数据的 AR (1) 过程：

$$y_{it} = \rho_i y_{it-1} + x_{it} \delta_i + \varepsilon_{it} \qquad (5.6)$$

在式 (5.6) 中，下标 i 和 t 分别代表截面个体和时间，x_{it} 为严格外生变量，包括固定效应或面板各单位的时间趋势项；ρ_i 为自回归系数；ε_{it} 是随机误差项。若 $|\rho_i| < 1$，y_{it} 是稳定过程；若 $|\rho_i| = 1$，y_{it} 则为非平稳的 I (1) 过程。

根据同质性假定的不同，有两种不同性质的面板单位根检验。一类假定 $\rho_i = \rho$，如 LLC 检验；另一类检验则放宽了同质性假定，允许 ρ 在不同的面板单位中变化，代表性的如 IPS 检验等。为提高检验结果的稳健性，本书将分别使用 Pesaran 检验、IPS 检验、LLC 检验以及 Handri 检验进行面板单位根检验。

检验结果如表 5 - 1 所示。从单位根检验结果来看，在不包含时间趋势项的情况下，针对 TFP 变量的单位根检验显示，Pesaran 检验、IPS 检验以及 LLC 检验均无法拒绝原序列存在单位根的原假设，同时 Handri 检验的结果则高度拒绝了原序列不存在单位根的原假设，表明 TFP 变量自身存在单位根问题；针对 FDIT 和 FDIC 变量的单位根检验显示，Pesaran 检验、IPS 检验以及 LLC 检验均无法拒绝原序列存在单位根的原假设，但 Handri 检验的统计量无法拒绝原序列不存在单位根的原假设。综合检验结果来看，原序列 TFP、FDIT 和 FDIC 变量自身都存在单位根问题。

表 5 - 1 面板单位根检验（不包含趋势项）

变量	Pesaran 检验 Z［t-bar］	IPS 检验 W［t-bar］	LLC 检验 t-value	Handri 检验 Z（mu）
TFP	1.332 (P=0.29)	3.071 (P=0.31)	2.092 (P=0.37)	-9.412 (P=0.00)
ΔTFP	-21.766 (P=0.00)	-10.947 (P=0.00)	-25.298 (P=0.00)	-1.283 (P=0.55)
FDIT	4.285 (P=0.39)	4.34 (P=0.20)	3.183 (P=0.39)	-25.398 (P=0.31)
ΔFDIT	-10.227 (P=0.00)	-12.004 (P=0.00)	-21.938 (P=0.00)	-1.992 (P=0.91)
FDIC	6.883 (P=0.24)	5.32 (P=0.19)	4.832 (P=0.31)	12.574 (P=0.51)
ΔFDIC	24.382 (P=0.00)	42.183 (P=0.00)	22.431 (P=0.00)	19.823 (P=0.42)

注：FDIT 和 FDIC 分别代表的外商直接投资的总规模和市场参与度；Δ 表示一阶差分项目，括号中为相应 P 值，Pesaran，IPS，LLC 三种单位根检验均滞后一期。Z［t-bar］和 W［t-bar］均为标准化处理后的 t-bar 值，并在原假设下服从 N（0，1）分布。Pesaran 检验、IPS 检验以及 LLC 检验的原假设均为原序列存在单位根，Handri 检验的原假设为原序列没有单位根。

而在包含时间趋势项的情况下如表 5 – 2 所示，针对 TFP 变量的单位根检验显示，Pesaran 检验、IPS 检验以及 LLC 检验均无法拒绝原序列存在单位根的原假设，同时 Handri 检验的结果则高度拒绝了原序列不存在单位根的原假设，表明 TFP 变量自身存在单位根问题；针对 FDIT 和 FDIC 变量的单位根检验显示，Pesaran 检验、IPS 检验以及 LLC 检验均无法拒绝原序列存在单位根的原假设，同时 Handri 检验的结果则高度拒绝了原序列不存在单位根的原假设。综合检验结果来看，原序列 TFP、FDIT 和 FDIC 变量自身都存在单位根问题。

表 5 – 2 　　　　　　　　　　　　面板单位根检验（包含趋势项）

变量	Pesaran 检验 Z［t-bar］	IPS 检验 W［t – bar］	LLC 检验 t-value	Handri 检验 Z（mu）
TFP	1.487 （P = 0.26）	2.779 （P = 0.33）	2.083 （P = 0.37）	– 9.387 （P = 0.01）
ΔTFP	– 10.589 （P = 0.00）	– 12.564 （P = 0.00）	– 21.927 （P = 0.00）	– 1.441 （P = 0.53）
FDIT	3.926 （P = 0.42）	4.92 （P = 0.21）	3.023 （P = 0.41）	– 23.984 （P = 0.33）
ΔFDIT	– 9.473 （P = 0.00）	– 13.094 （P = 0.00）	– 22.540 （P = 0.00）	– 1.794 （P = 0.94）
FDIC	4.382 （P = 0.39）	5.32 （P = 0.26）	5.394 （P = 0.38）	24.573 （P = 0.32）
ΔFDIC	10.463 （P = 0.00）	12.843 （P = 0.00）	28.343 （P = 0.00）	2.0594 （P = 0.89）

注：FDIT 和 FDIC 分别代表的外商直接投资的总规模和市场参与度；Δ 表示一阶差分项目，括号中为相应 P 值，Pesaran，IPS，LLC 三种单位根检验均滞后一期，并附加时间趋势项。Z［t-bar］和 W［t-bar］均为标准化处理后的 t-bar 值，并在原假设下服从 N（0，1）分布。Pesaran 检验、IPS 检验以及 LLC 检验的原假设均为原序列存在单位根，Handri 检验的原假设为原序列没有单位根。

由此可见，无论是否包含时间趋势项，针对原序列的几种假设都表明其存在显著的单位根问题；而当对原序列做一阶差分处理之后，再一次进行面板单位根检验的结果显示，在包含时间趋势项和不包含时间趋势项情况下，Pesaran 检验、IPS 检验以及 LLC 检验均高度拒绝差分后的序列存在单位根的原假设，同时 Handri 检验的结果也无法拒绝了差分后序列不存在单位根的原假设，这充分表明差分后的序列已经不存在单位根问题。所以可以判定原序列服从非平稳的 I（1）过程，进行变量间协整关系检验的前提条件得到了满足。

已有文献在进行面板协整关系检验时经常使用的方法包括两种：一种源自 E-G 两步法，是基于时间序列的 E-G 两步法在面板数据情境下的运用，如 Pedroni 检验和 Kao 检验；另一种是基于 Johansen 迹统计量，形成异质性面板的似然比（LM）检验，如 Maddala 和 Wu 提出的 Fisher 型组合 P 值检验。但无论是 Kao 检验或是 Fisher 检验，得出的最终统计量都是似然比，因此这类检验并不适用于面板数据，因为面板数据一般具有较强的截面相关性。正是基于这样的弊端，Westerlund 采用自抽样技术（Bootstrap）对 LM 方法做了进一步的改进，并在 2007 年提出了基于误差修正模型的面板协整关系检验法。[①]

本书使用 Westerlund（2007）构建的检验法来检验变量间是否存在协整关系。Westerlund 的面板协整关系检验法构造了两组统计量，分别为统计量 G 和 P。第一组统计量包含 G_t 和 G_a，并假设各截面存在不同的误差修正速度。其中 G_t 统计量假设变量不存在序列相关问题，其标准误通过 OLS 估计获得；而 G_a 统计量考虑了序列相关性，并使用 Newey 和 West（1994）提出的方法计算标准误。G_t 和 G_a 统计量均服从 $N(0,1)$，并假设原序列间不存在协整关系。第二组统计量包含 P_t 和 P_a，并假设各个截面具有相同的误差修正速度。P_t 和 P_a 统计量均服从 $N(0,1)$，假设原序列间不存在协整关系。详细的检验结果呈现在表 5-3 中。

根据表 5-3 显示的面板协整关系检验结果，对于自变量外商直接投资总规模和市场参与度，在没有附加趋势项情况下，G_t 在 1% 水平上、G_a 和 P_a 在 5% 水平上拒绝了原假设，而 P_t 统计量无法拒绝原假设，说明至少有一组变量

---

① 具体可参考 Westerlund J. Testing for error correction in panel data [J]. Oxford Bulletin of Economics and Statistics, 2007（69）：709-748；Westerlund J. New Simple Tests for Panel Cointegration [J]. Economic Reviews, 2005（24）：297-316.

之间有协整关系。在附加时间趋势情况下，G_t 和 P_a 均在 1% 水平上、G_a 在 5% 水平上分别拒绝原假设，而 P_t 统计量不显著。综合来看，本书判断无论是外商直接投资的总规模还是市场参与度，与我国本土零售业全要素生产率变化之间均存在协整关系。

表 5 – 3　　　　　　　　　　面板协整关系检验结果（因变量：TFP）

统计量	FDIT		FDIC	
	无时间趋势	有时间趋势	无时间趋势	有时间趋势
G_t 统计量	− 9.441 ***	− 6.44 ***	11.483 ***	5.392 ***
G_a 统计量	− 13.02 **	− 18.59 **	14.382 **	21.485 **
P_t 统计量	− 5.13 **	− 5.55	6.384 **	4.932
P_a 统计量	− 7.14	− 17.82 ***	5.069	19.024 ***

注：FDIT 和 FDIC 分别代表的外商直接投资的总规模和市场参与度；因变量是本土零售业全要素生产率，自变量为外商直接投资；附加 bootstrap 自抽样法对结果进行修正，自抽样 100 次。*** 、** 和 * 分别表示在 1% 、5% 和 10% 的水平上显著。

5.1.3　误差修正模型估计及分析

利用 2006~2011 年我国本土零售业全要素生产率数据和外商直接投资数据，本书对以上的误差修正模型进行了估计，并结合相关的经济学理论对实证结果进行评析。面板误差修正模型发展的时间相对较短，早期主要使用固定效应动态面板估计量 DEF。此后，Pesaran 和 Shin（1997）又提出了混合组平均估计量 PMG（Pooled Mean-Group）和组平均估计量 MG（Mean-Group）这两种估计方法，用来估计存在组间异方差的非平衡动态面板。国内已有的文献在估计面板误差修正模型时往往直接采用固定效应动态面板估计，但这可能会因为面板数据的组间异方差问题导致估计结果的偏误。所以本书将同时使用 PMG、MG 以及 DFE 三种方法进行估计（如表 5 – 4 所示），并在此基础上使用 Hausman 检验法来筛选合适的估计方法。估计结果呈现在表 5 – 5 中。

表 5 – 4　　　　　　　　误差修正模型估计结果（以 **TFP** 为因变量）

变量		DFE	PMG	MG
EC	FDIT	0.957 ** (0.244)	0.952 ** (0.241)	0.936 ** (0.241)
SR	ec	− 0.283 *** (0.044)	− 0.282 *** (0.033)	− 0.283 *** (0.033)
	D. FDIT	0.608 ** (0.315)	0.664 ** (0.379)	0.662 ** (0.307)
	Con	37.685 *** (7.872)	38.607 *** (1.533)	38.523 *** (3.453)

注：自变量为外商直接投资总规模，因变量为我国本土零售业的全要素生产率；括号内为标准误，*** 、** 和 * 分别代表系数在 1%、5% 和 10% 的水平上显著。EC 一栏表示变量间的长期均衡关系，SR 一栏表示的是变量间的短期动态关系。当系数 ec <0 且显著时，才表明变量间存在长期均衡关系。

表 5 – 5　　　　　　　　误差修正模型估计结果（以 **TFP** 为因变量）

变量		DFE	PMG	MG
EC	FDIC	1.225 ** (0.199)	1.231 ** (0.199)	1.227 ** (0.199)
SR	ec	− 0.302 *** (0.053)	− 0.302 *** (0.053)	− 0.302 *** (0.053)
	D. FDIC	− 0.739 ** (0.284)	− 0.740 ** (0.284)	− 0.740 ** (0.284)
	Con	84.321 *** (9.173)	38.607 *** (9.173)	38.523 *** (9.173)

注：自变量为外商直接投资市场参与度，因变量为我国本土零售业的全要素生产率；括号内为标准误，*** 、** 和 * 分别代表系数在 1%、5% 和 10% 的水平上显著。EC 一栏表示变量间的长期均衡关系，SR 一栏表示的是变量间的短期动态关系。当系数 ec <0 且显著时，才表明变量间存在长期均衡关系。

接下来本书将使用 Hausman 检验在三种估计方法间做出选择。Hausman 检验的基本思想是假设不同估计方法之间不存在系统性差异，若无法拒绝原假设，则约束条件较少的估计方法所估算的结果是较为精确的。模型选择过程和结果呈现于表 5 – 6 中。根据检验的结果，在考察外商直接投资（总规模或市场参与度）与我国本土零售业全要素生产率之间的关系时，本书最终将采纳 DFE 方法估计的实证结果。

表 5-6 估计方法的 Hausman 检验结果

因变量	检验目的	TFP	
		检验结果	说明
FDI 总规模	PMG 估计还是 MG 估计	chi2 = 0.72 p-value = 0.986	无法拒绝原假设选择 MG 估计
	DFE 估计还是 MG 估计	chi2 = 118.27 p-value = 0.001	拒绝原假设选择 DFE 估计
FDI 市场参与度	PMG 估计还是 MG 估计	chi2 = 0.81 p-value = 0.988	无法拒绝原假设选择 MG 估计
	DFE 估计还是 MG 估计	chi2 = 132.66 p-value = 0.001	拒绝原假设选择 DFE 估计

误差修正模型估计结果显示，变量 FDIT 的系数为正值且高度显著（高于 1% 水平），这表明外商直接投资总规模与我国本土零售业全要素生产率之间存在显著的长期均衡关系。在一个较长的时间范围内，随着外商直接投资进入我国零售业的规模越来越大，本土零售企业的整体生产效率和技术水平都会得到显著的提升，并且这种促进机制会长期存在。误差修正模型的误差调整系数值为负值且显著（-0.283，1% 水平），短期调整系数为正值且高度显著，说明短期内外商直接投资进入本土零售行业也有利于本土零售企业生产效率或技术水平的提升。因此，无论是从短期还是长期来看，外商直接投资规模的增加均能够对本土零售业的生产效率产生积极的影响。

而针对外商直接投资市场参与度的实证检验结果略有不同，从表中可以发现，市场参与度变量 FDIC 的系数为正值且高度显著（高于 1% 水平），这表明外商直接投资市场参与度与我国本土零售业全要素生产率之间也是存在显著的长期均衡关系。在一个较长的时间范围内，随着外商直接投资参与我国本土零售业市场竞争程度的增加，本土零售企业的整体生产效率和技术水平都会得到显著的提升，并且这种促进机制会长期存在。误差修正模型的误差调整系数值为负值且显著（-0.302，1% 水平），短期调整系数为负值且高度显著（-0.74，5% 水平），说明短期内外商直接投资进入本土零售行业并不利于其生产效率的提升，一方面，短期竞争的加剧可能导致本土零售业市场份额的减少，同时优秀的管理和经营人才可能也会流向外资企业，[①] 另一方面，本土零售企业对外商零售企业先进运营理念以及技术的学习和吸收，显然需要一段过程，所以在短期内外商零售企业带来的市场冲击必然对本土零售业产生一定的负面影响，而学习和模仿产生的技术进步效应要在较长的时间内才会逐渐显现。因此，外商直接投资市场参与度的提高短期内对本土零售业的生产效率产生负面影响，但在长期内却能够起到明显的促进作用。

假说验证结果可通过表 5 – 7 来呈现。

表 5 – 7　　　　　　　　　　　　　假说验证结果

理论假说	实证检验结果
假说 1：外商直接投资与我国零售业全要素生产率增长之间存在正向的短期动态关系和长期协整关系	
假说 1a：外商直接投资总规模与我国零售业全要素生产率增长之间存在正向的短期动态关系和长期协整关系	成立
假说 1b：外商直接投资市场参与度与我国零售业全要素生产率增长之间存在正向的短期动态关系和长期协整关系	不成立

5.2　格兰杰因果检验与脉冲响应函数分析

5.2.1　面板格兰杰因果关系检验

根据 Granger（1969）所提出的因果关系检验思想，面板数据的 Granger 因果关系检验大致可以归纳为以下这三种方法：第一种是在向量自回归模型（VAR）的基础上检验和估计面板数据的回归与自回归系数，在这一方法中的系数是可变的（Holtz-Eakin，1985；Hsiao，1986；Weinhold，1996，1999；Nair-Reichart，Weinhold，2001；Choe，2003）。第二种是利用固定自回归和回归系数模型的检验（Hurlin，2004；Hurlin & Venet，2001；Hansen & Rand，2004）。第三种方式是 Engle 和 Granger（1987）提出的，使用动态误差修正模

---

① 许多跨国零售企业进入我国后，为迅速打开国内市场，需要熟悉本土市场的专业人才，因而往往会高薪聘请本土零售业的经验和管理人员，导致短期内本土零售企业专业人才的流失。

型来分析变量之间的短期和长期因果关系。由于前两种方法的使用前提要求变量是平稳的，即不存在单位根，而根据面板单位根检验的结果，本书的两个核心变量，即外商直接投资总规模（FDIT）、外商直接投资市场参与度（FDIC）与我国本土零售业全要素生产率（TFP）之间均服从一阶单整的变量，所以采用动态误差修正模型的方法来分析变量之间的长期和短期因果关系。该方法的基本思路是首先对反映变量之间长期均衡关系的方程进行估计，估计出残差 e_{it}（误差修正项 ECT），然后估计如下的动态误差修正模型：

$$\Delta TFP_{it} = a_1 + \sum_p \phi_{11ip} \Delta TFP_{it} + \sum_p \phi_{12ip} \Delta FDI_{it} + \varphi_{1i} ECT_{it-1} + \mu_{1it} \qquad (5.7)$$

$$\Delta FDI_{it} = a_2 + \sum_p \phi_{21ip} \Delta TFP_{it} + \sum_p \phi_{22ip} \Delta FDI_{it} + \varphi_{2i} ECT_{it-1} + \mu_{2it} \qquad (5.8)$$

上式中，Δ 代表的是一阶差分。根据面板单位根检验的结果，以上模型中的所有变量均是平稳的，不含有单位根，因此可以采用标准 F 检验来判定其变量系数的显著性，进而检验变量之间的长期和短期因果关系（Engle et al.，1987）。更具体的，在式（5.7）和式（5.8）中，系数 φ_{1i} 和 φ_{2i} 表示的变量 TFP 和 FDI 之间的长期关系。如果 $\varphi_{1i} \neq 0$，则说明存在由 FDI 到 TFP 的长期因果关系；如果 $\varphi_{12} \neq 0$，则说明存在由 TFP 到 FDI 的长期因果关系。系数 ϕ_{12i} 和 ϕ_{22i} 表示 TFP 和 FDI 之间的短期因果关系。如果 $\phi_{12i} \neq 0$，表明存在由 FDI 到 TFP 的短期因果关系，如果 $\phi_{22i} \neq 0$，则表明存在由 TFP 到 FDI 的短期因果关系。

从表5 – 8 面板 Granger 因果关系检验的结果来看：第一，外商直接投资总规模与我国本土零售业全要素生产率之间总体上表现出较为显著的关系。其中，无论是在短期还是长期，外商直接投资总规模与零售业全要素生产率二者之间呈现显著的单向格兰杰因果关系。进入我国零售业的外商直接投资规模的扩大不仅能够在短期内促进我国本土零售业全要素生产率的提升，这种效应在长期内也是显著存在的。但是反过来，无论是在短期还是较长的时间范围内，而本土零售业全要素生产率的提高却不是外商直接投资规模增加的原因。第二，类似的，外商直接投资市场参与度与我国本土零售业全要素生产率之间总体上表现出较为显著的关系。无论是在短期还是长期，外商直接投资市场参与度与零售业全要素生产率二者之间呈现显著的单向格兰杰因果关系。进入我国零售业的外商直接投资市场参与程度的提升，不仅能够在短期内促进我国本土零售业全要素生产率的提升，而且能够形成一种长期促进机制。但是反过来，无论是在短期还是较长的时间范围内，而本土零售业全要素生产率的提高却不是外商直接投资市场参与度提升的原因。这一经验证据充分表明，外商直接投资进入中国且投资总额持续扩张显著促进了我国本土零售业全要素生产率的提高，而本土零售业劳动生产效率的提升并不是自身拥有较高生产效率和技术水平的外资进行自我选择的结果。

表 5 – 8 　　　　　　FDI 与零售业 TFP 短期和长期因果关系检验结果

因果关系方向	长期		短期	
	F 检验统计量	P 值	F 检验统计量	P 值
FDIT→TFP	3. 007	0. 035 **	7. 351	0. 000 ***
TFP→FDIT	1. 725	0. 072 *	1. 492	0. 085 *
FDIC→TFP	5. 209	0. 031 **	10. 354	0. 000 ***
TFP→FDIC	2. 007	0. 069 *	1. 773	0. 081 *

注：*** 、** 和 * 分别表示在 1%、5% 和 10% 的水平上显著。

5.2.2 　基于面板 VAR 的脉冲响应函数分析

脉冲响应函数是一种因果性分析方法，主要应用于考察动态系统中变量间的关系，它是建立在向量自回归基础上的一种方法，并伴随向量自回归模型的发展而得到较为广泛的应用。针对连理方程模型中因为没有体现模型系统中变量之间的动态关系，而导致预测效果不如单变量序列的问题，Sims（1980）提出了向量自回归模型（Vector Autogression Model，VAR）。VAR 与联系方程模型的最大区别在于，VAR 模型先验性的假设所有变量均为内生变量。这种设定方法的优点在于充分考虑了变量间的动态特征，由此预测精度大大提高了。但是，从 VAR 模型自身并无法直接观察到系统内变量之间的动态关系。Sims（1980）认为，可以通过因果性分析方法来考察系统内各变量之间的结构关系。而脉冲响应函数分析法就是其中一种重要的分析方法，该方法通过分析系统内一个变量对于来自其他变量冲击的响应，得出变量之间在时间上的因果关系，同时也可以用于研究外部冲击对系统的动态影响。

自 Sims（1980）首次提出向量自回归（VAR）模型以来，向量自回归（VAR）模型在时间序列分析中得到了广泛的应用，但是前提是要求时间序列要具有较长的时间跨度。Holtz-Eakin 等人（1992）最先将该方法扩展至面板数据模型中，最后经 Arellano 和 Bond（1991）、Arellano 和 Bover（1995）、Blundell 和 Bond（1998）等人的发展，在经济学许多领域得到了广泛的应用。Panel VAR 模型解决了面板数据时间跨度比较短和面板数据截面间的异质性问题，而这在采用 VAR 模型的时间序列分析中往往是被忽略的。

5.2.2.1　向量自回归模型

向量自回归模型（VAR 模型）用来研究各变量之间的动态关系，模型中的内生变量用其自身和其他变量的前期值来解释，避免了有偏误设定所带来的偏差。向量自回归模型 VAR(p) 的数学表达式为：

$$y_t = A_1 y_{t-1} + A_2 y_{t-2} + \cdots + A_p y_{t-p} + \varepsilon_t \tag{5.9}$$

上式中，y_t 为 k 维内生变量向量，A_1，$\cdots$，A_p 为 k×k 维矩阵，ε_t 为 k 维扰动向量，项矩阵式展开后可表示为：

$$
\begin{bmatrix} y_{1t} \\ y_{2t} \\ \vdots \\ y_{kt} \end{bmatrix} = A_1 \begin{bmatrix} y_{1t-1} \\ y_{2t-1} \\ \vdots \\ y_{kt-1} \end{bmatrix} + A_2 \begin{bmatrix} y_{1t-2} \\ y_{2t-2} \\ \vdots \\ y_{kt-2} \end{bmatrix} + \cdots + A_p \begin{bmatrix} y_{1t-p} \\ y_{2t-p} \\ \vdots \\ y_{kt-p} \end{bmatrix} + \begin{bmatrix} \varepsilon_{1t} \\ \varepsilon_{2t} \\ \vdots \\ \varepsilon_{kt} \end{bmatrix}
$$

设定滞后算子为 1，则上式可进一步简写为：

$$A(L) y_t = \varepsilon_t \tag{5.10}$$

$A(L)$ 是滞后算子 1 的 k×k 的参数矩阵，如果矩阵 $\det[A(L)]$ 的所有根模（Modulus）的倒数小于 1，即位于单位圆之内，符合平衡性条件，可表示为：

$$y_t = C(L) \varepsilon_t \tag{5.11}$$

上式中，$C(L) = A(L)^{-1}$，$C(L) = I_k + C_1 L + C_2 L^2 + \cdots + C_p L^p$。

对 VAR(p) 模型可以通过最小二乘法来进行估计，当估算出 VAR(p) 的参数后，因 $A(L) C(L) = I_k$，所以可得 VMA(∞) 模型的参数估计。

5.2.2.2　脉冲响应函数

脉冲响应函数是反应模型中一个变量的冲击给其他变量所造成的影响。由向量自回归模型的表达式可以得到：

$$y_t = (I_k - A_1 L - \cdots - A_p L^p)^{-1} \varepsilon_t = (I_k + C_1 L + C_2 L^2 + \cdots + C_p L^p) \varepsilon_t \quad (5.12)$$

由于 VAR(p) 模型系数矩阵 A_i 和 VMA(∞) 模型系数矩阵 C_i 满足如下的关系：

$$(I_k - A_1 L - \cdots - A_p L^p)^{-1} (I_k + C_1 L + C_2 L^2 + \cdots + C_p L^p) = I_k \quad (5.13)$$

$$I_k + \varphi_1 L + \varphi_2 L^2 + \cdots = I_k \quad (5.14)$$

$\varphi_1 = \varphi_2 = \cdots = 0$，关于 $\varphi_q(q = 1, 2, \cdots)$ 的条件递归定义了 MA 系数：

$$C_1 = A_1 \quad (5.15)$$

$$C_2 = A_1 C_1 + A_2 \quad (5.16)$$

$$\cdots$$

$C_q = A_1 C_{q-1} + A_2 C_{q-2} + \cdots + A_p C_{q-p}$，若 $q = p$，则令 $C_{q-p} = I_k$；若 $q < p$，则令 $C_{q-p} = O_k$。

考虑 VMA(∞) 的表达式：

$$y_t = (I_k + C_1 L + C_2 L^2 + \cdots + C_p L^p) \varepsilon_t \quad (5.17)$$

这样，y_t 的第 i 个变量 y_{it} 可以写成：

$$y_{it} = \sum_{j=1}^{k} (c_{ij}^0 \varepsilon_{jt} + c_{ij}^1 \varepsilon_{jt-1} + c_{ij}^2 \varepsilon_{jt-2} + \cdots) \quad (5.18)$$

那么，系数矩阵 C_s 的第 i 行第 j 列元素可以表示为：

$$C_{ij}^s = \frac{\partial y_{i,t+s}}{\partial \varepsilon_{jt}} \quad (5.19)$$

C_{ij}^s 作为 s 的函数，表示在时期 t，其他变量保持不变的情况下 $y_{i,t+q}$ 对时期 y_{jt} 的一个冲击的反应，我们将其称之为脉冲响应函数，它能较为直观地刻画出变量之间的动态交互作用及其效应。

5.2.2.3 零售业全要素生产率对外商直接投资的脉冲响应分析

为进一步考察开放经济系统中外商直接投资与我国本土零售业全要素生产率之间的动态关系，本书建立了两变量的面板 VAR 模型，得到了我国本土零售业全要素生产率、外资直接投资一个单位的正向冲击对我国本土零售业全要素生产率的脉冲响应函数图。在图 5－1 与图 5－2 中，纵轴表示中国本土零售

业的全要素生产率，横轴表示冲击作用的滞后期（以年为单位），本书分别选
择了 5 年和 10 年的冲击滞后期，图中实线表示脉冲响应函数，代表了零售业
全要素生产率对外商直接投资或自身冲击的反应，虚线表示正负两倍标准差的
偏离带。

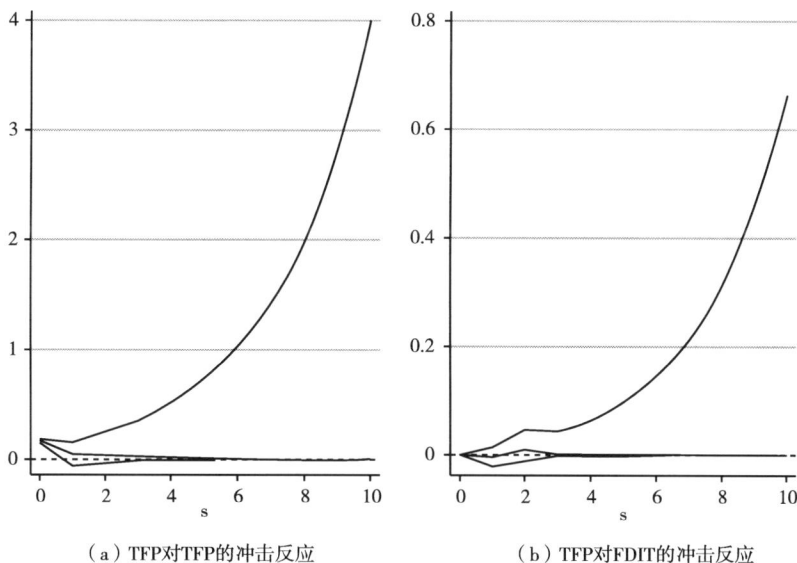

（a）TFP对TFP的冲击反应　　　　　　（b）TFP对FDIT的冲击反应

图 5 - 1　零售业全要素生产率对自身和外商直接投资总规模变化的脉冲响应函数

注：TFP 对自身以及外商直接投资总规模变化的脉冲响应图，滞后 2 期，蒙特卡洛模拟 500 次，
考察期为 5 期。

　　图 5 - 1（b）和图 5 - 2（b）分别呈现的是我国本土零售业全要素生产率
对外商直接投资总规模和市场参与度的脉冲响应函数图。从图 5 - 1（b）中可
以看出，当给予外商直接投资规模变量一个标准差的冲击后，零售业全要素生
产率出现小幅下降的趋势，但是在第一期达到负的最低点，然后从第二期开始
呈现出上升趋势，并在后半期开始转为正值，在第二期结束的时候达到正的最
高值。此后，我国本土零售业全要素生产率开始缓慢下降，并在第三期后逐渐
趋于零。

　　从图 5 - 2（b）我们能够很清晰地看到类似的情况，当给予外商直接投资
市场参与度变量一个标准差的冲击后，零售业全要素生产率在初期并未发生较
为明显的变化，而是在第一期后开始逐渐缓慢上升，并在第二期达到最高值，

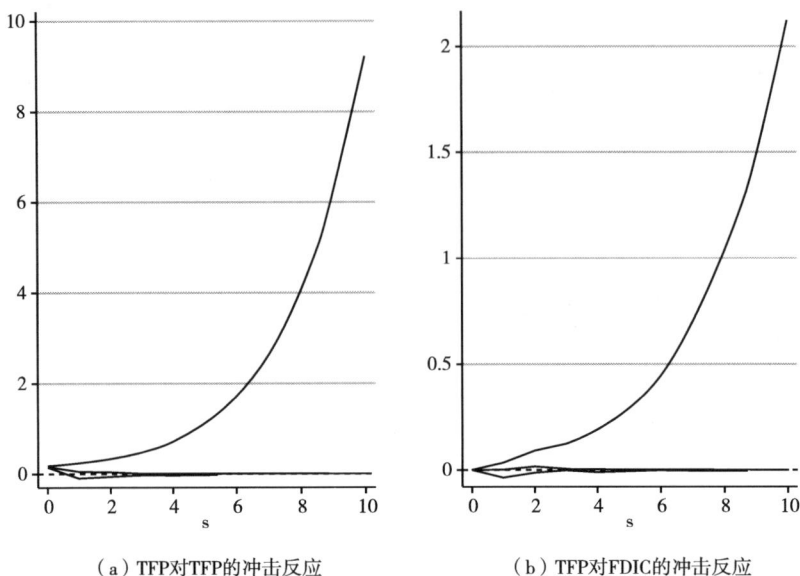

（a）TFP对TFP的冲击反应　　　　　　　　（b）TFP对FDIC的冲击反应

图 5 - 2　零售业全要素生产率对自身和外商直接投资市场参与度的脉冲响应函数

注：TFP 对自身以及外商直接投资市场参与度变化的脉冲响应图滞后 2 期，蒙特卡洛模拟 500 次，考察期为 10 期。

此后又开始逐渐下降，并在第六期后逐渐趋于零。总体来看，当对外商直接投资规模变量或外商直接投资市场参与度变量施加一个标准差的正向冲击后，我国本土零售业全要素生产率的反应呈现出先下降后上升，并在达到高位后又逐渐下降并最终趋于零的趋势。

5.3　工具变量法对内生性问题的检验

利用基于面板数据的协整分析法和格兰杰因果关系检验，本书已经判定外商直接投资是引起我国内资零售业全要素生产率提升的格兰杰因，而反之则不成立。同时，无论是外商直接投资总规模还是市场参与度，都与我国内资零售业全要素生产率提升之间存在长期的正向均衡关系，进入我国零售业的外商直接投资规模的扩大或市场参与度的提升不仅能够促进我国本土零售业全要素生产率的提升，这种效应在长期内也是显著存在的。而在短期内，外商直接投资市场参与度与我国本土零售业全要素生产率之间却呈现负向的动态调整关系，即外商直接投资进入我国零售业的初期反而不利于我国本土零售业全要素生产率的提升。外商直接投资总规模与我国本土售业全要素生产率之间呈现正相关，表明随着进入我国零售业外商直接投资规模的增加，本土零售企业能够获得技术水平的提升。

外商直接投资技术溢出效应严重可能存在的内生性问题是实证研究领域近些年较为关注的问题。有学者认为，东道国本土行业全要素生产率的提升，并不是因为外商直接投资的技术溢出效应导致的，而是跨国公司在进行跨境投资的时候，有意识地选择那些本身具有较高全要素生产率的行业，所谓的外商直接投资技术溢出效应是一种外资的"自我选择"效应。基于这一问题，本书进一步采用多元线性回归分析法，并结合能够检验和克服可能存在的内生性问题的工具变量法（IV 估计）来进行实证分析。

5.3.1　数据来源和模型设定

为了考察我国零售业外商直接投资技术溢出效应是否存在内生性问题，本书借鉴 Romer（1990）的品种增长模型思想构建服务业外商直接投资对生产率增长影响的基本计量方程如下：

$$TFP_{it} = \beta_0 + \beta_1 FDI_{it} + u_i + \varepsilon_{it} \tag{5.20}$$

为更好地反映外商直接投资对我国本土零售业全要素生产率的影响，还需要在模型中加入控制变量。鉴于服务行业本身的一些因素，例如资本密集度（CI）、企业规模（SCALE）、劳动报酬（SALARY）等也是影响服务业生产率的重要变量，因此把这些因素作为控制变量加以引入，得到拓展的计量模型如下：

$$TFP_{it} = \beta_0 + \beta_1 FDI_{it} + \beta_2 CI_{it} + \beta_2 SALARY_{it} + \beta_3 SCALE_{it} + u_i + \varepsilon_{it} \tag{5.21}$$

模型中 i 和 t 分别表示个体（这里为省、直辖市和自治区）和时间，TFP 为我国本土零售业的全要素生产率，FDI 为进入我国零售业的外商直接投资（规模与市场参与度），CI 为零售业的资本密集度，SALARY 是通过平均工资水平反映的劳动力质量，SCALE 是通过从业人员数衡量的企业规模。ε 是标准误差项，表示未观测到的影响因变量的其他因素，u 代表不随时间改变但是与因变量相关联的未观测到的个体效应。

数据来源方面：我国本土零售业全要素生产率数据是以零售业主营业务收入为产出变量，以从业人员数和固定资本存量分别为劳动投入变量和资本投入变量，并使用基于 DEA 投入方法的 Malmquist 指数法测算得到的。而外商直接投资数据则来自 2006 ~ 2012 年《大中型批发零售和住宿餐饮企业统计年鉴》。《大中型批发零售和住宿餐饮企业统计年鉴》提供了我国各省、自治区和直辖市在不同年份的综合零售业，食品、饮料及烟草制品专门零售业，纺织、服装及日用品专门零售业，文化、体育用品及器材专门零售业，医药及医疗器材专门零售业，汽车、摩托车、燃料及零配件专门零售业，家用电器及电子产品专门零售业，五金、家具及室内专修材料专门零售业，无店铺及其他零售业 9 个大类零售业子行业的港澳台地区资本和外商资本。① 本书按照不同外资类型对这 9 个零售业子行业的数据进行加总处理，能够分别获得进入我国零售业的港澳台地区资本和外商资本。最后，再将这两类外资加总，可以得到进入我国零售业的外资直接投资总额。以外商直接投资额与我国本土零售业主营业务收入的比值来作为外商直接投资市场参与度的代理变量。

计算资本密集度使用的固定资产存量数据是前文使用永续盘存法计算获得的，从业人员数、主营业务收入、法人单位数、工资总额等指标均来自 2006 ~ 2011 年《中国贸易外经统计年鉴》，其中，安徽、吉林和河北等地区在 2009 年的主营业务收入数据缺失，本书以相邻两年的平均值作为替代。

变量设定方面：以当期进入我国零售业的外商直接投资额来作为核心解释变量，考察外商直接投资额的变化如何影响我国本土零售业的全要素生产率。此外本书还设定了一系列理论上会对我国本土零售业全要素生产率产生影响的其他因素，如以固定资本存量与从业人员数的比值来衡量的行业资本密集度，通常认为资本密集度越高，有利于全要素生产率的提升；以主营业务收入与法人单位数的比值来衡量行业内的企业规模，如果该比值越大，则表明行业内企业规模总体偏大，集中度较高；以平均工资水平来衡量行业的人力资本水平或劳动力质量，通常而言，平均工资水平与劳动力质量之间呈现正相关的关系（周文博和樊秀峰，2013），而拥有较高劳动力质量的零售企业往往能够获得较快的全要素增长率。变量的定义及详细的统计描述参见表 5 - 9。

---

① 《大中型批发零售和住宿餐饮企业统计年鉴》中提供的外商投资指标不包含港澳台地区资本。

表 5 - 9　　　　　　　　　　　　变量的定义及统计描述

变量	符号	衡量方法	均值	标准差	最小值	最大值
零售业全要素 生产率	TFP	使用 MI 生产率指数测算	1.16	0.16	0.81	1.93
零售业外商直接 投资总规模	FDIT	进入零售业的外商直接投 资总额	136985.9	271314.7	0	1787068
零售业外商直接 投资市场参与度	FDIC	零售业的外商直接投资总 额与本土零售业主营业务 收入比	0.00216	0.0042	0	0..0309
资本密集度	CI	固定资本存量/从业人数	76.75	66.14	18.15	656.42
企业规模	Scale	主营业务收入/法人单位数	8593.59	2797.99	2193.67	18681.45
劳动力质量	Salary	平均工资水平 = 工资总额 与职工数的比值	192.18	75.20	66.19	494.71

　　样本中可能存在的杠杆值会对实证结论产生重要影响,因而对杠杆值的检查十分关键。本书使用图示法对样本中可能存在的杠杆值进行了检测,检测结果如图 5 - 3 所示。第一,Y 轴是样本的杠杆值,X 轴是标准化后的残差值;第二,水平的红线代表杠杆值的均值,垂直的红线代表标准化残差值的均值;

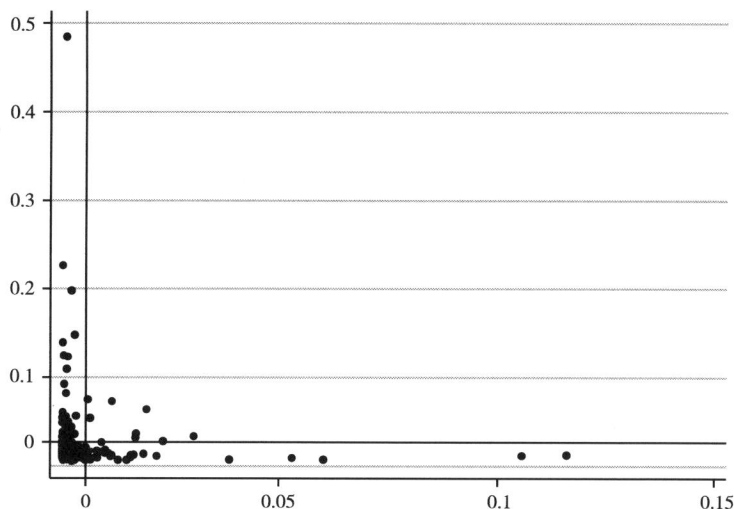

图 5 - 3　图示法检验杠杆值

第三，如果有样本在水平线以上，则说明该样本点的杠杆值超过了平均水平；第四，如果有样本点在垂直线的右边，则说明该样本点的标准残差值超过了平均水平。综合来看，样本中不存在会对实证结果产生较大影响的杠杆值。同时，本书还采用 CN（Condition Number）判断法检验变量间是否有严重的多重共线性问题，结果显示 CN 值为 9.77，远小于临界值 20，所以可以认定变量间不存在严重的多重共线性问题。

5.3.2 工具变量法对内生性问题的考察

这部分，首先使用企业规模、资本密集度等控制变量对被解释变量做回归分析，构成模型（1），然后在此基础上加入核心变量外商直接投资规模变量，并分别使用固定效应、随机效应以及以外商直接投资规模变量的一阶滞后项作为工具变量的 IV 估计等三种模型来进行估计，并分别记为模型（2）、模型（3）和模型（4）。从 F 统计量或 Wald 统计量来看，均在 1% 的水平上高度显著，说明计量模型的设定基本合理。在纳入核心变量外商直接投资规模变量 FDIT 后，使用三种不同估计方法进行估计的拟合优度均有不同程度的提高（分别为 0.43、0.44 和 0.43），说明核心变量 FDIT 的加入增加了模型的解释力度，从而该变量的纳入在统计上是有意义的。

从控制变量对被解释变量回归的表 5－10 模型（1）结果来看，资本密集度变量和劳动力质量的系数均在 5% 的水平上显著，并且系数都是为正的，说明行业资本密集度以及人力资本水平对零售业的全要素生产率提升起到积极的作用，随着资本密集度的增加，或者劳动力质量的提高，零售业的整体劳动效率也会得到提升。但企业规模变量的系数并不显著，说明当前我国零售业内的企业规模的变化，并不会对整体的行业劳动生产率产生明显的影响。

表 5－10　　　　　固定效应、随机效应以及 IV 估计结果

（N＝186，因变量为 TFP，核心自变量为 FDI 规模）

变量	模型（1）	模型（2）	模型（3）	模型（4）
	固定效应	固定效应	随机效应	IV 估计
FDIT		0.698 ** (0.218)	0.771 ** (0.224)	0.246 *** (0.033)
CI	3.320e－04 ** (2.07e－04)	3.321e－04 ** (2.07e－04)	3.306e－04 ** (1.97e－04)	4.906e－04 ** (2.49e－04)

续表

变量	模型（1）	模型（2）	模型（3）	模型（4）
	固定效应	固定效应	随机效应	IV 估计
Scale	4.77e−06 (5.27e−06)	4.26e−06 (5.50e−06)	4.32e−06 (5.51e−06)	−1.54e−06 (8.75e−06)
Salary	2.37e−04 ** (3.09e−04)	2.52e−04 ** (3.11e−04)	2.46e−04 ** (3.08e−04)	9.49e−04 ** (3.233e−04)
常数	2.594 *** (0.137)	1.293 *** (0.056)	1.158 *** (0.055)	1.291 *** (0.146)
F/Wald 值	2934.5 ***	228.34 ***	178.93 ***	8236.64 ***
组间 R^2	0.41	0.43	0.44	0.43

注： ***、**和*表示系数在1%、5%和10%水平上显著，括号内为标准误。

再看加入核心变量外商直接投资规模变量 FDIT 后使用三种估计方法进行估计的模型（2）至模型（4），使用固定效应和随机效应估计的最终结果非常接近，外商直接投资变量的系数均为正值（只是两种估计方法的绝对值略有差异），且都在5%的水平上显著。控制变量的回归结果与模型（1）很接近，资本密集度和劳动力质量仍然会对零售业全要素生产率产生正向影响，而企业规模变量的系数依然不显著。使用工具变量法进行的 IV 估计结果看，核心变量外商直接投资 FDI 的系数为正，且在1%的水平上高度显著，说明在考虑了模型的内生性问题之后，外商直接投资规模的增加对我国本土零售业全要素生产率的影响依然是显著的，且这种影响是积极的。控制变量方法，资本密集度和劳动力质量变量的系数仍然为正且显著，但企业规模变量的系数变为负值，但依然不显著。总体来看，随着外商直接投资规模的不断扩大，我国本土零售业的全要素生产率也会随之得到提升，外商直接投资的技术溢出效应是显著存在的。

面板数据回归存在随机效应和固定效应等不同的回归方法，选择正确的模型对于保证实证结果的准确性具有重要意义。与此同时，虽然本书使用了工具变量法进行估计，但模型本身是否存在内生性问题，还需要做进一步的检验。此外，面板数据可能存在的异方差问题也会对回归结果产生较大影响。因此为了最大限度地提高实证结论的准确性，本书需要进行一系列的检验，具体涉及回归模型的选择，异方差问题的检验以及内生性问题的检验。具体的，在固定效应和随机效应模型间的选择,使用 Hausman 检验;对于组间异方差问题的检验,使用 Wald 检验进行;对于内生性问题,分别使用 Davidson-MacKinnon 检验和 Hausman-Wu 检验进行。

检验的详细结果通过表 5 – 11 呈现。模型选择的检验结果显示,统计量高度拒绝了固定效应和随机效应模型之间不存在系统性差异的原假设,表明此时选用固定效应模型进行估计是较为合适的;针对组间异方差进行的 Wald 检验统计量无法拒绝原序列不存在异方差的原假设,说明不存在显著的异方差问题;而 Davidson-MacKinnon 检验的统计量也无法拒绝不存在内生性问题的原假设,表明模型不存在内生性问题,同时 Hausman-Wu 的统计量无法拒绝不存在系统性差异的原假设,也表明不存在内生性问题。综合检验结果来看,在考察外商直接投资与我国本土零售业全要素生产率之间数量关系时,采用固定效应模型是最为合适的,且不存在组间异方差问题,理论上认为可能的内生性问题也不存在。

表 5 –11 异方差、内生性等相关检验

检验目的	模型选择	异方差检验	内生性检验	
检验方法	Hausman 检验	Wald 检验	Davidson-MacKinnon 检验	Hausman-Wu 检验
统计量	Chi2 = 30. 74 （P = 0. 00）	Chi2 = 19. 83 （P = 0. 87）	F = 0. 704 （P = 0. 374）	F = 0. 043 （P = 0. 836）
原假设	不存在系统性差异	不存在异方差问题	不存在内生性问题	不存在系统性差异
检验结果	固定效应模型	无异方差	无内生问题	无内生性问题

接下来考察外商直接投资市场参与度变化对我国本土零售业全要素生产率的影响（如表 5 – 12 所示）。同样的使用企业规模、资本密集度等控制变量对被解释变量做回归分析,构成模型（1）,然后在此基础上加入核心变量外商直接投资市场参与度变量,并分别使用固定效应、随机效应以及以外商直接投资规模变量的一阶滞后项作为工具变量的 IV 估计三种模型来进行估计,并分别记为模型（2）、模型（3）和模型（4）。从 F 统计量或 Wald 统计量来看,均在 1% 的水平上高度显著,说明计量模型的设定基本合理。在纳入核心变量外商直接投资市场参与度变量 FDIC 后,使用三种不同估计方法进行估计的拟合优度均有不同程度的提高（分别为 0. 43、0. 44 和 0. 43）,说明核心变量 FDIC 的加入增加了模型的解释力度,从而该变量的纳入在统计上是有意义的。

表 5 – 12　　　　　　　　　　固定效应、随机效应以及 IV 估计结果

（N = 186，因变量为 TFP，核心自变量为 FDI 市场参与度）

变量	模型（1）固定效应	模型（2）固定效应	模型（3）随机效应	模型（4）IV 估计
FDIT		2.335 *** (0.113)	2.341 *** (0.113)	2.339 *** (0.113)
CI	3.294e – 04 ** (2.11e – 04)	3.296e – 04 ** (2.11e – 04)	3.302e – 04 ** (1.99e – 04)	3.823e – 04 ** (2.12e – 04)
Scale	11.234e – 06 (15.32e – 06)	11.262e – 06 (15.40e – 06)	11.232e – 06 (15.42e – 06)	11.254e – 06 (15.33e – 06)
Salary	22.37e – 04 ** (5.28e – 04)	22.52e – 04 ** (5.29e – 04)	22.46e – 04 ** (5.28e – 04)	23.49e – 04 ** (5.28e – 04)
常数	12.194 *** (0.137)	11.193 *** (0.056)	11.198 *** (0.055)	11.191 *** (0.146)
F/Wald 值	1934.5 ***	218.34 ***	118.93 ***	126.64 ***
组间 R^2	0.42	0.43	0.44	0.43

注：*** 、** 和 * 表示系数在 1% 、5% 和 10% 水平上显著，括号内为标准误。

　　从控制变量对被解释变量回归的模型（1）结果来看，资本密集度变量和劳动力质量的系数均在 5% 的水平上显著，并且系数都是为正的，说明行业资本密集度以及人力资本水平对零售业的全要素生产率提升起到积极的作用，随着资本密集度的增加，或者劳动力质量的提高，零售业的整体劳动效率也会得到提升。但企业规模变量的系数并不显著，说明当前我国零售业内的企业规模的变化，并不会对整体的行业劳动生产率产生明显的影响。

　　再看加入核心变量外商直接投资市场参与度变量 FDIC 后，使用三种估计方法进行估计的模型（2）至模型（4），使用固定效应和随机效应估计的最终结果也较为类似，外商直接投资市场参与度变量的系数均为正值（只是两种估计方法的绝对值略有差异），且都在 1% 的水平上显著。控制变量的回归结果与模型（1）很接近，资本密集度和劳动力质量仍然会对零售业全要素生产率产生正向影响，而企业规模变量的系数依然不显著。使用工具变量法进行的 IV 估计结果看，核心变量外商直接投资市场参与度变量 FDIC 的系数为正，且在 1% 的水平上高度显著，说明在考虑了模型的内生性问题之后，外商直接投

资市场参与度的提升对我国本土零售业全要素生产率的影响依然是显著的，且这种影响是积极的。控制变量方法，资本密集度和劳动力质量变量的系数仍然为正且显著，但企业规模变量的系数变为负值，但依然不显著。总体来看，随着外商直接投资市场参与度的不断提高，我国本土零售业的全要素生产率也会随之得到提升。

相关检验的详细结果通过表 5 - 13 呈现。模型选择的检验结果显示，统计量高度拒绝了固定效应和随机效应模型之间不存在系统性差异的原假设，表明此时选用固定效应模型进行估计是较为合适的；针对组间异方差进行的 Wald 检验统计量无法拒绝原序列不存在异方差的原假设，说明不存在显著的异方差问题；而 Davidson-MacKinnon 检验的统计量也无法拒绝不存在内生性问题的原假设，表明模型不存在内生性问题，同时 Hausman-Wu 的统计量无法拒绝不存在系统性差异的原假设，也表明不存在内生性问题。综合检验结果来看，在考察外商直接投资与我国本土零售业全要素生产率之间数量关系时，采用固定效应模型是最为合适的，且不存在组间异方差问题，理论上认为可能的内生性问题也不存在。

表 5 - 13 异方差、内生性等相关检验

检验目的	模型选择	异方差检验	内生性检验	
检验方法	Hausman 检验	Wald 检验	Davidson-MacKinnon	Hausman-Wu
统计量	Chi2 = 19. 88 （P = 0. 00）	Chi2 = 17. 25 （P = 0. 89）	F = 0. 283 （P = 0. 563）	F = 0. 044 （P = 0. 841）
原假设	不存在系统性差异	不存在异方差问题	不存在内生性问题	不存在系统性差异
检验结果	固定效应模型	无异方差	无内生问题	无内生性问题

5.4　本章小结

本部分主要利用 2006～2011 年我国本土零售业全要素生产率数据与进入零售业的外商直接投资数据，从实证角度对外商直接投资（规模和市场参与度）与我国本土零售业全要素生产率的关系做一个判断。考虑到学术界一直存在这样的质疑，即到底是外商直接投资的进入促进了东道国内资企业生产率的提高，还是外商直接投资直接选择了进入生产率相对较高的本地行业，也就

是一个自我选择的过程？采用传统的回归分析可能因为内生性问题而导致实证结论发生较大偏误，影响研究的科学性。基于以上的考虑，本书在实证方法的选择上（如表 5 - 14 所示），首先采用基于面板数据的协整分析法，并结合格兰杰因果关系检验和脉冲响应函数分析，来考察外商直接投资（规模和市场参与度）与我国本土零售业全要素生产率的实证关系。然后使用基于面板数据的工具变量法，考察模型是否存在内生性问题。

表 5 - 14　　　　　　　　　　　　主要实证结论

实证方法	外商直接投资规模与 TFP	外商直接投资参与度与 TFP
长期均衡关系	正向长期均衡	正向长期均衡
短期动态关系	正向关系	负向关系
长期格兰杰因果关系	FDI 规模是 TFP 的格兰杰因	FDI 参与度是 TFP 的格兰杰因
短期格兰杰因果关系	FDI 规模是 TFP 的格兰杰因	FDI 参与度是 TFP 的格兰杰因
FDI 技术溢出的内生性	无内生性	无内生性

使用面板协整分析的主要结论有：

（1）通过面板单位根检验和协整关系检验的结果发现，原序列存在显著的单位根问题，而进行差分处理后不再含有单位根，服从非平稳的 I（1）过程，且二者间存在显著的协整关系。

（2）面板格兰杰因果关系检验表明，无论是在短期还是长期，外商直接投资规模以及市场参与度与零售业全要素生产率二者之间呈现显著的单向格兰杰因果关系。进入我国零售业的外商直接投资规模的扩大或市场参与度的提升，不仅能够促进我国本土零售业全要素生产率的提升，这种效应在长期内也是显著存在的，反过来则不成立。

（3）根据误差修正模型的估计结果，外商直接投资规模的提升不仅能在短期内促进我国本土零售业全要素生产率的提高，而且这种促进效应在长期内也是存在的。

（4）外商直接投资市场参与度与我国本土零售业全要素生产率之间存在显著的长期均衡关系，但短期动态调整关系却呈现负相关。这说明外商直接投资市场参与度的提升在短期内对本土零售业的生产效率产生负面影响，但长期内却能够起到明显的促进作用。

（5）在格兰杰因果关系检验基础上进行了反映变量间动态关系的脉冲响

应函数分析，当对外商直接投资规模或市场参与度施加一个标准差的正向冲击后，零售业全要素生产率在第一期小幅下降后迅速回升，并在第二期达到正的最高点，此后逐渐下降并趋于零。而使用工具变量法进行内生性检验后发现，在分别以外商直接投资规模变量和市场参与度变量滞后一阶项为工具变量的 IV 估计基础上进行的检验表明，模型并不存在显著的内生性问题，而且采用固定效应模型估计是较为有效的。

第6章　外商直接投资与中国零售业全要素生产率关系的影响因素分析

本章主要实证分析影响我国本土零售业利用外商直接投资提升全要素生产率的影响因素，主要内容可以分为两个部分：第一部分主要考察不同的外商直接投资来源对我国本土零售业外商直接投资技术溢出效应的影响。通常情况下，外商直接投资的投资来源国不同，外商投资企业的所有权和投资动机不同，东道国外资进入行业的技术水平变化情况也会存在较大差异。在流入中国的外商直接投资中，有两类外商直接投资者在总体上居主导地位：一类是海外华商企业，主要来自于中国香港地区、中国澳门地区和中国台湾地区；另一类是发达国家，主要来自美国、欧盟和日本。所以本部分主要考察海外华商企业的外商直接投资对我国本土零售业外资的技术溢出效应的影响，以及来自欧美发达国家的外商直接投资对我国本土零售业外资的技术溢出效应的作用。第二部分主要分析影响外商直接投资与我国本土零售业全要素生产率提升之间关系的影响因素，根据已有研究，本书选取的影响因素主要有内外资全员劳动生产率差异衡量的技术差距、行业的资本密集度、行业内企业规模衡量的市场集中度以及人力资本水平这四个方面。本部分重点分析随着这些因素的变化，外商直接投资与我国本土零售业全要素之间的关系会发生怎样的变化。

与已有研究相比，本书所采用的实证思路或计量方法也有所不同。首先，本书将作为核心解释变量的外商直接投资做进一步的区分，分为外商直接投资总规模和外商直接投资参与度，从不同层面考察外商直接投资对我国本土零售业全要素生产率的影响。而已有研究要么是考察外商直接投资总规模的技术溢出效应，要么是考察外商直接投资参与度的技术溢出效应。其次，在实证考察影响外商直接投资与我国本土零售业全要素生产率提升之间关系的影响因素时，本书使用了调节变量法，将一系列影响因素设定为调节变量，通过考察调节变量与外商直接投资变量的交互项系数变化（符号和显著性）来分析随着这些因素的变化，外商直接投资与我国本土零售业全要素之间的关系会发生怎样的变化，这与已有研究将影响因素直接作为控制变量纳入计量模型进行回归分析有较大区别。

6.1 外商直接投资来源对零售业外商直接投资技术溢出效应的影响

6.1.1 变量设定

本部分主要考察不同来源的外商直接投资对零售业外商直接投资技术溢出效应的影响。通常情况下，外商直接投资的投资来源国不同，外商投资企业的所有权和投资动机不同（Dunning，1977，1988），东道国外资进入行业的技术水平变化情况也会存在较大差异。在流入中国的外商直接投资中，有两类外商直接投资者在总体上居主导地位：一类是海外华商企业，主要来自于中国香港地区、中国澳门地区和中国台湾地区；另一类是发达国家，主要来自美国、欧盟和日本。所以本部分主要考察海外华商企业的外商直接投资对我国本土零售业外资的技术溢出效应的影响，以及来自欧美发达国家的外商直接投资对我国本土零售业外资的技术溢出效应的作用。相应的，在实证方面本书设计了两个核心变量，即港澳台地区外商直接投资变量和欧美发达国家外商直接投资变量。同时从两个层面分别考察每种外商直接投资对我国本土零售业全要素的影响，即外商直接投资总规模与外商直接投资参与程度。外商直接投资的规模变量以当期进入我国零售业的外商直接投资总额来衡量，而外商直接投资参与程度变量则以外商直接投资与我国本土零售业主营业务收入的比值来反映，如果该比值越大，则表明外商直接投资的参与程度越高（周博文，2013）。

被解释变量仍然是我国本土零售业的全要素生产率。数据来源同第5.3.1节。

此外本书还设定了一系列理论上会对我国本土零售业全要素生产率产生影响的其他因素，如以固定资本存量与从业人员数的比值来衡量的行业资本密集度，通常认为资本密集度越高，有利于全要素生产率的提升；以主营业务收入与法人单位数的比值来衡量行业内的企业规模，如果该比值越大，则表明行业内企业规模总体偏大，集中度较高；以平均工资水平来衡量行业的人力资本水平或劳动力质量，通常而言，平均工资水平与劳动力质量之间呈现正相关的关系（周文博和樊秀峰，2013），而拥有较高劳动力质量的零售企业往往能够获得较快的全要素增长率。变量的定义及详细的统计描述参见表 6 – 1。

表 6 – 1 变量的定义及统计描述

变量	符号	衡量方法	均值	标准差	最小值	最大值
零售业全要素生产率	TFP	使用 MI 生产率指数测算	1. 16	0. 16	0. 81	1. 93
港澳台地区外商直接投资总规模	HFDIT	进入零售业的外商直接投资总额	55144. 44	119006. 8	0	789116
港澳台地区外商直接投资参与度	HFDIC	零售业利用的港澳台地区外商直接投资总额与其主营业务收入的比值	0. 00297	0. 0044	0	0. 0309
欧美外商直接投资总规模	EFDIT	进入零售业的欧美发达国家外商直接投资总额	81841. 41	173249. 6	0	1182167
欧美外商直接投资参与度	EFDIC	零售业利用的欧美发达国家外商直接投资总额与其主营业务收入的比值	0. 0045	0. 0061	0	0. 0391
资本密集度	CI	固定资本存量/从业人数	76. 75	66. 14	18. 15	656. 42
企业规模	Scale	主营业务收入/法人单位数	8593. 59	2797. 99	2193. 67	18681. 45
劳动力质量	Salary	平均工资水平 = 工资总额与职工数的比值	192. 18	75. 20	66. 19	494. 71

6.1.2 相关检验与模型设定

样本中可能存在的杠杆值以及变量间的多重共线性问题将会对实证结论产生重要影响，因而对杠杆值以及多重共线性问题的检查是确保实证结论无偏的重要环节。本书使用图示法对样本中可能存在的杠杆值进行了检测，检测结果如图 6 – 1 和图 6 – 2 所示。判断准则主要有以下四个方面：第一，Y 轴是样本的杠杆值，X 轴是标准化后的残差值；第二，水平的红线代表杠杆值的均值，垂直的红线代表标准化残差值的均值；第三，如果有样本在水平线以上，则说明该样本点的杠杆值超过了平均水平；第四，如果有样本点在垂直线的右边，则说明该样本点的标准残差值超过了平均水平。

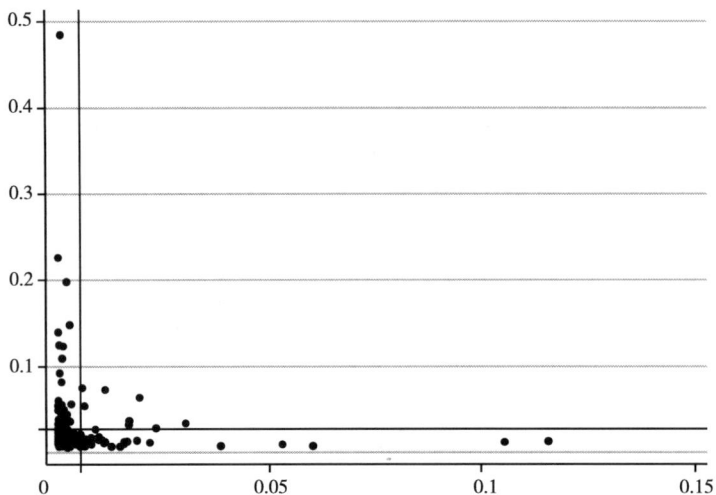

图 6 - 1　以外商直接投资总规模为被解释变量的杠杆值检验

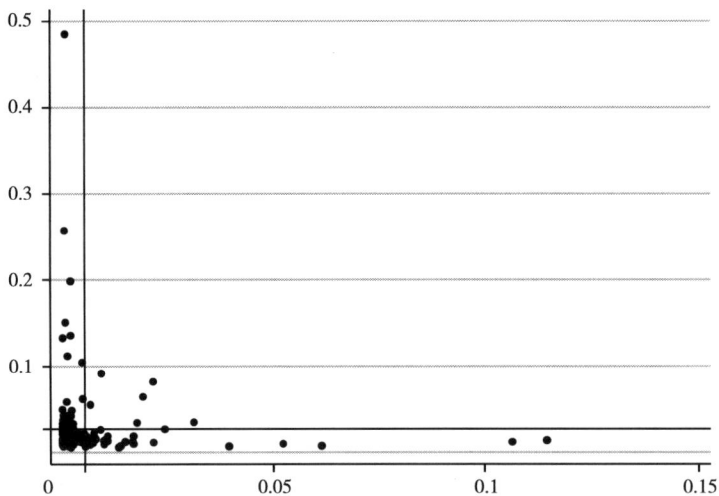

图 6 - 2　以外商直接投资参与程度为被解释变量的杠杆值检验

　　从检验结果来看，无论是以外商直接投资总规模为被解释变量的杠杆值检验，还是以外商直接投资参与程度为被解释变量的杠杆值检验均显示，绝大部分样本点的杠杆值和样本点的标准残差值都在平均水平以内，但有少量样本点的杠杆值和样本点的标准残差值略微超出了平均水平，但超出程度并不大。所以综合来看，样本中不存在会对实证结果产生较大影响的杠杆值。同时，本书还采用 CN 判断法检验变量间是否有严重的多重共线性问题，结果显示 CN 值为 10.35，远小于临界值 20，所以本书可以认定变量间不存在严重的多重共线性问题。

　　为了考察不同来源的外商直接投资对我国本土零售业的外商直接投资技术溢出效应的影响，本书借鉴 Romer（1990）的品种增长模型思想构建服务业外商直接投资对生产率增长影响的基本计量方程如下：

$$\text{TFP}_{it} = \beta_0 + \beta_1 \text{FDI}_{it} + u_i + \varepsilon_{it} \tag{6.1}$$

　　模型中 i 和 t 分别表示个体（这里为省、直辖市和自治区）和时间，TFP为我国本土零售业的全要素生产率，FDI 则为我国本土零售业利用的外商直接投资。根据前文的理论分析，这里的外商直接投资按照来源进一步区分为来自港澳台地区的外商直接投资变量和来自欧美发达国家的外商直接投资变量。

　　为进一步考察外商直接投资总规模变量和外商直接投资参与程度变量对我国本土零售业外商直接投资的技术溢出效应的影响，在基础模型上进行拓展，得到如下的计量模型：

$$\text{TFP}_{it} = \beta_0 + \beta_1 \text{FDIC}_{it} + u_i + \varepsilon_{it} \tag{6.2}$$

$$\text{TFP}_{it} = \beta_0 + \beta_1 \text{FDIT}_{it} + u_i + \varepsilon_{it} \tag{6.3}$$

　　其中，FDIT 为进入我国零售业的外商直接投资总额，而 FDIC 则反映了进入零售业的外商直接投资的参与程度。为更好地反映外商直接投资对我国本土零售业全要素生产率的影响，还需要在模型中加入控制变量。鉴于服务行业本身的一些因素，例如，资本密集度（CI）、企业规模（SCALE）、劳动报酬（SALARY）等也是影响服务业生产率的重要变量，因此把这些因素作为控制变量加以引入，得到拓展的计量模型如下：

$$\text{TFP}_{it} = \beta_0 + \beta_1 \text{FDIT}_{it} + \beta_2 \text{CI}_{it} + \beta_2 \text{SALARY}_{it} + \beta_3 \text{SCALE}_{it} + u_i + \varepsilon_{it} \tag{6.4}$$

$$\text{TFP}_{it} = \beta_0 + \beta_1 \text{FDIC}_{it} + \beta_2 \text{CI}_{it} + \beta_2 \text{SALARY}_{it} + \beta_3 \text{SCALE}_{it} + u_i + \varepsilon_{it} \tag{6.5}$$

　　其中，CI 为零售业的资本密集度，SALARY 是通过平均工资水平反映的劳动力质量，SCALE 是通过从业人员数衡量的企业规模。ε 是标准误差项，表示未观测到的影响因变量的其他因素，u 代表不随时间改变但是与因变量相关联的未观测到的个体效应。其中，FDIT 和 FDIC 两个变量的系数是本书重点关注的，如果这两个变量的系数均为正值且显著，则表明无论是来自港澳台还是欧美发达国家的外商直接投资都能够显著促进我国本土零售业全要素生产率的增长；如果两个变量中仅有一个系数为正且显著，则相应的表明仅有港澳台地区或者欧美发达国家的外商直接投资能够显著促进我国本土零售业全要素生产率的增长；如果两个变量的系数均不显著，则表明无论是港澳台地区还是欧美发达国家的外商直接投资都不能够促进我国本土零售业全要素生产率的增长；其他情况可做类似推理。

6.1.3 回归分析结果及分析

本部分的回归分析结果主要通过表 6 – 2 呈现出来，分别是以港澳台地区外商直接投资总规模变量、港澳台地区外商直接投资参与程度变量、欧美发达国家外商直接投资总规模变量以及欧美发达国家外商直接投资参与程度变量等为核心变量，以我国本土零售业为被解释变量的回归分析结果。由于假设条件的不同，面板数据回归模型又可以分为混合效应模型（Pooled Effects Model，PE）、随机效应模型（Random Effects Model，RE）以及固定效应模型（Fixed Effects Model，FE）三种，并且不同的计量模型和估计方法会对实证结果产生较大的影响，因此有必要进行较为严格的模型筛选。同时，由于面板数据同时包含个体信息和时间维度的信息，因此可能存在异方差和序列相关问题，[①] 并会导致实证结论出现偏误，因此也必须相关的检验，以保证最终结论的准确性。此外，正如前文中反复提到的，我国本土零售业全要素生产率的提升，除了外商直接投资的进入通过学习和模仿效应等产生的技术溢出效应之外，国外投资者在选择投资对象时偏好技术进步程度较大的行业进行投资也存在理论上的可能，即我国本土零售业全要素生产率的提升是外商自我选择的结果，因而在实证部分存在内生性问题的可能，所以必须进行内生性问题的检验。对于面板数据回归方法使用过程中遇到的模型筛选、异方差、序列相关以及内生性问题的检验方法通过表 6 – 2 详细呈现。

---

① 面板数据的异方差通常是指组间异方差，即各个截面之间的异方差，并且由于随机效应模型已经考虑了异方差的问题，因此组间异方差的检验一般都是针对固定效应模型进行的。

表 6 - 2 模型选择、异方差、序列相关以及内生性问题的检验

检验目的	检验方法	原假设	说　明
混合估计还是固定效应	F 检验	混合估计较为有效	若拒绝原假设，则说明固定效应模型更为有效
混合估计还是随机估计	B - P 检验	混合估计更为有效	若拒绝原假设，则说明固定效应模型更为有效
随机效应还是固定效应	Hausman 检验	固定效应和随机效应（估计的系数）之间不存在统计上的差别	若拒绝原假设，则说明固定效应模型更为有效
是否存在组间异方差	Wald 检验	同方差假设	若拒绝原假设，则说明存数据在组间异方差问题
是否存在序列相关	Wooldridge 检验	不存在序列相关问题	若拒绝原假设，则说明存在序列相关问题
是否存在内生性问题	Davidson-MacKinnon 检验	不存在内生性问题	若拒绝原假设，则表明存在内生性问题
	Hausman-Wu 检验	不存在系统性差异	若拒绝原假设，则表明不存在内生性问题

对于固定效应模型与混合效应模型之间的选择，在进行固定效应模型估计之后可直接获得相关的 F 检验，检验的原假设为混合效应模型的估计结果更为有效，如若拒绝原假设，则表明固定效应模型的估计结果更为有效，反之亦然。对于混合效应模型和随机效应模型直接按的选择，可以在随机效应模型的估计基础上使用 B - P 检验法。该方法的原假设为混合效应模型的估计更为有效，因此如若拒绝原假设，应该选择随机效应模型。固定效应模型与随机效应模型的选择可以使用 Hausman 检验法，由于随机效应模型的约束条件更为严格，所以如果统计结果拒绝了原假设，则表明在这里使用固定效应模型估计的结果是更为有效的。

而对于组间异方差和序列相关问题的检验，可以分别使用 Wald 统计量和 Wooldridge（2010）提出的检验方法，Stata11.0 计量软件提供了相应的命令。① 如果检验结果显示仅存在组间异方差问题，则采用基于自抽样（Bootstrap）标

① Stata11.0 提供了用于检验组间异方差的命令 xttest3，该命令需要在固定效应模型的估计基础上进行；Wooldridge（2002）提出了检验面板数据中序列相关问题的检验方法，其核心思想是如若原数据不存在序列相关问题，则一阶差分后残差相关系数应为 - 0.5。Stata11.0 提供的相关命令为 xtserial。

准误的异方差稳健性估计方法，与传统的稳健性估计方法相比，自抽样稳健性估计法的最大优点在于其统计推断并不依赖具体的分布假设，因而得到的结果更加科学。这里本书选择的自抽样次数为 50 次。如果发现原数据存在明显的序列相关问题，原则上可以使用固定效应模型估计，但采用 Newey-West 估计来调整标准误。本书将使用 Driscoll 和 Kraay（1998）提出的估计方法，该方法的优势有两个：一个是能够同时处理回归过程中可能存在的异方差和序列相关等问题；另一个是该方法尤其适用于法确异方差、序列相关以及截面相关性质未知的时候。该方法实质上是将 White/Newey 估计扩展到面板数据的情形。[①] 内生性问题的检验是在以核心解释变量一阶滞后项为工具变量进行 IV 估计的基础上，分别采用 Davidson-MacKinnon 和 Hausman-Wu 检验法进行检验。如果检验结果表明模型确实存在显著的内生性问题，则需要使用工具变量法进行估计，同时检验工具变量选择的正确性，防止过度识别问题导致结果产生偏误。

本部分实证的基本思路与前文类似，即先以企业规模、资本密集度等控制变量对被解释变量我国本土零售业的全要素生产率做回归分析，构成基础模型，然后在此基础上加入外商直接投资总规模变量或外商直接投资参与程度变量，分别采用混合效应模型、固定效应模型、随机效应模型以及 IV 估计模型等进行估计。表6-3 呈现的是以港澳台地区外商直接投资总规模为核心变量的回归分析结果。从 F 统计量或 Wald 统计量来看，均高度显著，表明计量模型的设定较好。从拟合优度来看，当加入了港澳台地区外商直接投资总规模变量，模型的拟合优度有了显著提高（从 0.41 提升到 0.43），表明核心解释变量的加入增加了模型的解释力度。

由于篇幅限制，本部分针对模型筛选、异方差、序列相关以及内生性问题的检验以附表形式呈现（详见附录）。从检验结果来看，主要结论有以下几个方面：第一，模型选择的检验显示，采用固定效应模型估计是较为合适的；第二，异方差和序列相关检验结果表明，原序列有显著的组间异方差问题，而并不存在显著的序列相关问题，原因可能与本书样本的时间跨度较小有关，所以本书需要在固定效应模型的基础上采用自抽样（Bootstrap）法对标准误差项进行修正；第三，无论是 Davidson-MacKinnon 检验还是 Hausman-Wu 检验都并未

---

① Driscoll J. , A. C. Kraay. Consistent covariance matrix estimation with spatially dependent data [J]. Review of Economics and Statistics, 1998, 80: 549 – 560. Stata11. 0 提供的相关命令为 xtscc。

发现模型存在显著的内生性问题。综合以上检验结果，本书最终采用在固定效应模型基础上的自抽样（Bootstrap）标准误的异方差稳健性估计方法进行回归的结果，如表 6 - 3 所示。

表 6 - 3　以港澳台地区外资总规模为核心解释变量的回归结果（N = 186）

变量	模型（1） 固定效应	模型（2） 混合效应	模型（3） 固定效应	模型（4） 随机效应	模型（5） IV 估计
HFDIT		12. 38 *** （1. 04）	12. 29 *** （1. 04）	12. 83 *** （1. 04）	12. 92 *** （1. 07）
CI	3. 320e - 04 ** （2. 07e - 04）	3. 668e - 04 ** （2. 06e - 04）	3. 463e - 04 ** （2. 07e - 04）	3. 668e - 04 ** （2. 06e - 04）	3. 958e - 04 ** （2. 05e - 04）
Scale	4. 77e - 06 （5. 27e - 06）	4. 65e - 06 （5. 26e - 06）	4. 77e - 06 （5. 26e - 06）	4. 77e - 06 （5. 25e - 06）	4. 84e - 06 （5. 28e - 06）
Salary	12. 37e - 04 *** （3. 09e - 04）	12. 35e - 04 *** （3. 11e - 04）	12. 35e - 04 *** （3. 08e - 04）	12. 38e - 04 *** （3. 09e - 04）	12. 57e - 04 *** （3. 46e - 04）
常数	2. 594 *** （0. 137）	1. 293 *** （0. 056）	11. 982 *** （0. 055）	12. 336 *** （0. 146）	382. 56 *** （0. 075）
F/Wald 值	876. 5 ***	325. 4 ***	345. 2 ***	364. 6 ***	553. 9 ***
组间 R^2	0. 41	0. 43	0. 43	0. 43	0. 43

注：被解释变量为我国本土零售业的全要素生产率，*** 、** 和 * 分别表示变量系数在 1%、5% 和 10% 的水平上显著，括号内为使用自抽样（Bootstrap）法进行纠偏的标准误。

　　从控制变量对被解释变量回归的模型（1）结果来看，资本密集度变量和劳动力质量的系数均在 5% 的水平上显著，并且系数都是为正的，说明行业资本密集度以及人力资本水平对零售业的全要素生产率提升起到积极的作用，随着资本密集度的增加，或者劳动力质量的提高，零售业的整体劳动效率也会得到提升。但企业规模变量的系数并不显著，说明当前我国零售业内的企业规模的变化，并不会对整体的行业劳动生产率产生明显的影响。从模型（2）的结果来看，外商直接投资总规模变量的系数为正且显著，表明外商直接投资规模的扩大会对我国本土零售业的全要素生产率产生积极影响。控制变量的回归结果与模型（1）很接近，资本密集度和劳动力质量仍然会对零售业全要素生产率产生正向影响，而企业规模变量的系数依然不显著。使用其他估计模型进行估计的结果与模型（2）的结论基本类似，仅系数绝对值略有差异。

　　从混合估计、随机效应模型、固定效应模型以及工具变量法的回归结果来看，港澳台地区外商直接投资总规模变量的系数为正值且在 1% 的统计水平上高度显著，这表明港澳台地区外商直接投资总规模的增加会对我国本土零售业全要素生产率的增长产生积极的促进作用。根据模型选择、异方差以及内生性问题的检验结果，固定效应模型的估计结果是本书需要重点关注的。港澳台地区外商直接投资总规模变量的系数为正且显著（12.29，1%），说明随着进入我国零售业的港澳台地区外商资本的逐渐增加，本土零售业的技术水平将得到提升。由于本书未采用对解释变量和被解释变量进行对数处理，并不能对港澳台地区外商直接投资总规模变化对我国本土零售业全要素生产率影响做更为具体的评估。此外需要说明的是，虽然核心解释变量的系数绝对值偏低，这可能是样本单位的原因，绝对值偏低的变量系数仍然具有较大的解释力。

表 6 - 4 呈现的是以港澳台地区外商直接投资参与程度为核心解释变量的回归结果。从控制变量对被解释变量的回归结果看，资本密集度变量和劳动力质量的系数均在 5% 的水平上显著，并且系数都是为正的，说明行业资本密集度以及人力资本水平对零售业的全要素生产率提升起到积极的作用，随着资本密集度的增加，或者劳动力质量的提高，零售业的整体劳动效率也会得到提升。但企业规模变量的系数并不显著，说明当前我国零售业内的企业规模的变化，并不会对整体的行业劳动生产率产生明显的影响。从模型（6）的结果来看，控制变量的回归结果与模型（1）很接近，资本密集度和劳动力质量仍然会对零售业全要素生产率产生正向影响，而企业规模变量的系数依然不显著。使用其他估计模型进行估计的结果与模型（6）的结论基本类似，仅系数绝对值略有差异。

表 6 - 4   以港澳台地区外资参与度为核心解释变量的回归结果（N = 186）

变量	模型（1） 固定效应	模型（6） 混合效应	模型（7） 固定效应	模型（8） 随机效应	模型（9） IV 估计
HFDIC		-3.187 (2.998)	-3.043 (2.936)	-3.187 (2.998)	-3.264 (2.973)
CI	$3.320e-04^{**}$ $(2.07e-04)$	$3.190e-04^{**}$ $(2.06e-04)$	$3.303e-04^{**}$ $(2.07e-04)$	$3.190e-04^{**}$ $(2.06e-04)$	$3.453e-04^{**}$ $(2.05e-04)$
Scale	$4.77e-06$ $(5.27e-06)$	$4.792e-06$ $(5.26e-06)$	$4.77e-06$ $(5.23e-06)$	$4.792e-06$ $(5.21e-06)$	$4.921e-06$ $(5.33e-06)$

续表

变量	模型（1）固定效应	模型（6）混合效应	模型（7）固定效应	模型（8）随机效应	模型（9）IV 估计
Salary	12.37e−04 *** (3.09e−04)	12.34e−04 *** (3.10e−04)	12.38e−04 *** (3.09e−04)	12.34e−04 *** (3.10e−04)	12.76e−04 *** (3.23e−04)
常数	2.594 *** (0.137)	1.284 *** (0.056)	11.932 *** (0.055)	12.283 *** (0.146)	382.56 *** (0.075)
F/Wald 值	2934.5 ***	154.4 ***	284.2 ***	132.4 ***	1173.9 ***
组间 R^2	0.41	0.44	0.44	0.44	0.45

注：被解释变量为我国本土零售业的全要素生产率；*** 、 ** 和 * 分别表示变量系数在1%、5%和10%的水平上显著，括号内为使用自抽样（Bootstrap）法进行纠偏的标准误。

　　根据模型选择、异方差以及内生性问题的检验结果，固定效应模型（7）的估计结果是本书需要重点关注的。港澳台地区外商直接投资参与程度变量的系数为负值（−3.043），并且在统计上也不显著，这表明港澳台地区外资市场参与程度与我国本土零售业全要素生产率之间并不存在较为显著的关系，港澳台地区外商直接投资市场参与程度的增加并不能对我国本土零售业的全要素生产率产生明显的助推作用。

　　表6−5呈现的是以欧美发达国家外商直接投资总规模为核心解释变量的回归结果。从回归结果来看，资本密集度变量和劳动力质量的系数均在5%的水平上显著，并且系数都是为正的，说明行业资本密集度以及人力资本水平对零售业的全要素生产率提升起到积极的作用，随着资本密集度的增加，或者劳动力质量的提高，零售业的整体劳动效率也会得到提升。但企业规模变量的系数并不显著，说明当前我国零售业内的企业规模的变化，并不会对整体的行业劳动生产率产生明显的影响。从模型（10）的结果来看，外商直接投资总规模变量的系数为正且显著，表明外商直接投资规模的扩大会对我国本土零售业的全要素生产率产生积极影响。控制变量的回归结果与模型（1）很接近，资本密集度和劳动力质量仍然会对零售业全要素生产率产生正向影响，而企业规模变量的系数依然不显著。使用其他估计模型进行估计的结果与模型（10）的结论基本类似，仅系数绝对值略有差异。

表6-5 **以欧美外资总规模为核心解释变量的回归结果（N=186）**

变量	模型（1）	模型（10）	模型（11）	模型（12）	模型（13）
	固定效应	混合效应	固定效应	随机效应	IV 估计
EFDIT		21.58 ***	21.49 ***	21.58 ***	22.47 ***
		(3.22)	(3.22)	(3.22)	(3.27)
CI	3.320e-04 **	3.192e-04 **	3.321e-04 **	3.318e-04 **	3.584e-04 **
	(2.07e-04)	(2.06e-04)	(2.07e-04)	(2.06e-04)	(2.05e-04)
Scale	4.77e-06	4.78e-06	4.77e-06	4.771e-06	4.84e-06
	(5.27e-06)	(5.26e-06)	(5.26e-06)	(5.25e-06)	(5.28e-06)
Salary	12.37e-04 ***	12.35e-04 ***	12.35e-04 ***	12.38e-04 ***	12.57e-04 ***
	(3.09e-04)	(3.11e-04)	(3.08e-04)	(3.09e-04)	(3.46e-04)
常数	2.594 ***	1.293 ***	11.904 ***	12.336 ***	382.56 ***
	(0.137)	(0.056)	(0.055)	(0.146)	(0.075)
F/Wald 值	2934.5 ***	587.6 ***	574.9 ***	585.4 ***	885.3 ***
组间 R^2	0.41	0.43	0.43	0.43	0.43

注：被解释变量为我国本土零售业的全要素生产率；*** 、** 和 * 分别表示变量系数在1%、5%和10%的水平上显著，括号内为使用自抽样（Bootstrap）法进行纠偏的标准误。

　　根据模型选择、异方差以及内生性问题的检验结果，固定效应模型（11）的估计结果是本书需要重点关注的。从回归结果来看，欧美发达国家的外商直接投资总规模变量系数为正值且显著（21.49，1%），表明来自欧美发达国家的外商直接投资能够显著促进我国本土零售业全要素生产率的提升，随着来自欧美发达国家的外资总规模的不断增加，我国本土零售业的技术水平也会得到提升。

　　表6-6呈现的是以欧美发达国家外商直接投资参与程度为核心解释变量的回归结果，从回归结论可以发现，欧美发达国家的外商直接投资市场参与程度变量系数为正值且显著（4.213，5%），表明来自欧美发达国家的外商直接投资能够显著促进我国本土零售业全要素生产率的提升，随着来自欧美发达国家的外资市场参与程度的不断增加，我国本土零售业的技术水平也会得到相应的提升。鼓励欧美发达国家的外资积极参与我国零售业市场竞争，总体上有利于我国本土零售企业通过学习、模仿等途径提高自身的技术水平和竞争能力。

表6-6　　以欧美外资参与度为核心解释变量的回归结果（N＝186）

变量	模型（1） 固定效应	模型（14） 混合效应	模型（15） 固定效应	模型（16） 随机效应	模型（17） IV 估计
EFDIC		4.754 ** (1.290)	4.213 ** (1.375)	4.754 ** (1.290)	4.841 ** (1.27e−07)
CI	3.320e−04 ** (2.07e−04)	3.191e−04 ** (2.05e−04)	3.319e−04 ** (2.06e−04)	3.191e−04 ** (2.05e−04)	3.205e−04 ** (2.06e−04)
Scale	4.77e−06 (5.27e−06)	4.58e−06 (5.19e−06)	4.59e−06 (5.06e−06)	4.58e−06 (5.19e−06)	4.69e−06 (5.22e−06)
Salary	12.37e−04 *** (3.09e−04)	12.77e−04 *** (3.11e−04)	12.69e−04 *** (3.08e−04)	12.77e−04 *** (3.09e−04)	12.84e−04 *** (3.46e−04)
常数	2.594 *** (0.137)	11.98 *** (0.056)	12.094 *** (0.055)	12.364 *** (0.146)	14.386 *** (0.075)
F/Wald 值	2934.5 ***	1182.4 ***	1283.6 ***	1158.7 ***	3728.9 ***
组间 R^2	0.41	0.43	0.43	0.42	0.43

注：被解释变量为我国本土零售业的全要素生产率；***、** 和 * 分别表示变量系数在1%、5%和10%的水平上显著，括号内为使用自抽样（Bootstrap）法进行纠偏的标准误。

通过前文的实证分析可以发现，无论是来自港澳台地区外商直接投资还是来自欧美发达国家的外商直接投资，其总规模的变化都会对我国本土零售业的全要素生产率产生积极的影响，但是仅仅通过单独分析并无法判断究竟是来自港澳台地区外商直接投资的总规模变化对我国本土零售业的全要素生产率影响更大一些，还是来自欧美发达国家的外商直接投资的技术溢出效应更明显一些，然而这种判断对于我国的外资引用政策和对外开放政策具有重要的参考意义。所以，本书将这两个解释变量（港澳台地区外商直接投资总规模变量和欧美发达国家的外商直接投资总规模变量）同时纳入基础模型中进行回归，并对系数进行标准化处理，由此可以通过系数的绝对值大小和显著性来判断二者哪个对于我国本土零售业的全要素生产率影响更大。

表6-7 呈现的是系数标准化处理后港澳台地区与欧美外资规模技术溢出效应的比较结果，可以发现，对核心解释变量的系数进行标准化处理以后，两个核心解释变量的系数都在1%的统计水平上显著，但从系数的绝对值来看，欧美发达国家的外商直接投资总规模变化对我国本土零售业的全要素生产率影响更大，即当增加一个同等规模的港澳台地区外资和欧美发达国家外资，吸收

欧美发达国家外资的零售业会获得更大程度的技术水平提升。本部分的全部实证结果通过表 6 - 8 进行逐一呈现。

表 6 - 7　　　　系数标准化处理后港澳台地区与欧美外资规模技术溢出效应的比较 （N = 186）

变量	模型 （1）	模型 （3）	模型 （11）	模型 （18）
	固定效应	固定效应	固定效应	标准化系数
HFDIT		12. 29 *** (1. 04)		0. 001 *** (0. 000)
EFDIT			21. 49 *** (3. 22)	0. 137 *** (0. 001)
CI	3. 320e - 04 ** (2. 07e - 04)	3. 463e - 04 ** (2. 07e - 04)	3. 321e - 04 ** (2. 07e - 04)	0. 146 ** (0. 02)
Scale	4. 77e - 06 (5. 27e - 06)	4. 77e - 06 (5. 26e - 06)	4. 77e - 06 (5. 26e - 06)	0. 078 (0. 084)
Salary	12. 37e - 04 *** (3. 09e - 04)	12. 35e - 04 *** (3. 08e - 04)	12. 35e - 04 *** (3. 08e - 04)	0. 009 *** (0. 001)
常数	2. 594 *** (0. 137)	11. 982 *** (0. 055)	11. 904 *** (0. 055)	—
F/Wald 值	2934. 5 ***	345. 2 ***	574. 9 ***	—
组间 R^2	0. 41	0. 43	0. 43	—

注：被解释变量为我国本土零售业的全要素生产率； *** 、 ** 和 * 分别表示变量系数在 1% 、5% 和 10% 的水平上显著，括号内为使用自抽样 （Bootstrap） 法进行纠偏的标准误。

表 6 - 8　　　　　　　　　　理论假设的验证结果

理论假说	实证检验结果
假说 2：港澳台地区外资对我国本土零售业全要素生产率产生促进作用	
假说 2a：港澳台地区外资总规模的增加，会对我国本土零售业全要素生产率产生促进作用	成立
假说 2b：港澳台地区外资市场参与度的提升，会对我国本土零售业全要素生产率生促进作用	不成立
假说 3：欧美发达国家的外资对我国本土零售业全要素生产率产生促进作用	
假说 3a：欧美发达国家外资总规模的增加，会对我国本土零售业全要素生产率产生促进作用	成立

理论假说	实证检验结果
假说3b：欧美发达国家外资市场参与度的提升，会对我国本土零售业全要素生产率产生促进作用	成立
假说4：同等情况下，欧美发达国家的技术溢出效应要比港澳台地区外资的技术溢出效应更加明显	
假说4a：同等外资规模的增加，港澳台地区外资对我国本土零售业全要素生产率的影响要小于欧美发达国家的外资	不成立
假说4b：相同的市场参与度下，港澳台地区外资对我国本土零售业全要素生产率的影响要小于欧美发达国家的外资	不成立

6.2　中国零售业外商直接投资技术溢出效应的影响因素分析

6.2.1　调节变量与交互效应

调节变量（Moderator）是指能够影响因变量（被解释变量）与自变量（解释变量）之间关系的一种变量。如果因变量 Y 与自变量 X 的关系是变量 M 的函数，则将变量 M 称为调节变量，即 $Y = f(X, M) + e$。或者说，变量 M 的变化会直接影响到变量 Y 与变量 X 之间的关系（Baron & Kenny, 1986）。调节变量可以是定性的（如性别、种族、产权等），也可以是定量的（如产量、工资、年龄、受教育年限），调节变量会影响自变量和因变量之间关系的强弱甚至作用方向（正或负）。调节变量的作用机理可以通过图6-3体现出来。因变量受到的作用可以被归纳为三种路径：自变量对因变量的作用（路径 a），调节变量对因变量的作用（路径 b），调节变量与自变量的交互项对因变量的共同作用（路径 c）。而路径 c 也体现了调节变量对于因变量与自变量之间关系的调节作用。

从已有研究来看，大多数研究在实证考察外商直接投资技术溢出效应的影响因素时，都是通过在基础模型中加入一系列影响因素作为控制变量，这种方法实质上考察的是这些控制变量或影响因素变量的变化对全要素生产率的直接影响，而并未起到分析外商直接投资溢出效应影响因素的作用。本书在实证考

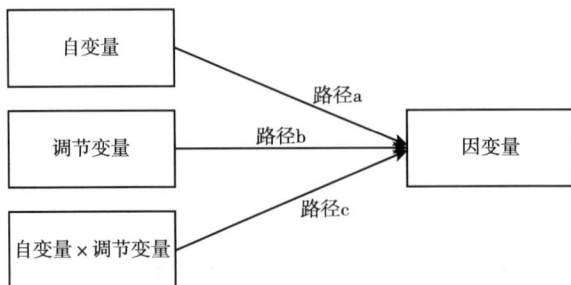

图 6 – 3   调节变量的调节作用

察我国零售业外商直接投资的技术溢出效应时，采用在模型中纳入调节变量的方法，具体计量思路是将内外资企业的技术差距（外资企业劳动生产率与内资企业劳动生产率之差与内资企业劳动生产率之比）和我国零售业的行业特征（人力资本水平、资本密集度以及市场集中度等）设定为调节变量，并分别与外商直接投资变量做交互项，实证考察随着内外资技术差距、人力资本水平、资本密集度以及市场集中度等影响因素的变化，外商直接投资对我国本土零售业全要素生产率的影响又会发生怎样的变化（如图 6 – 4 所示）。

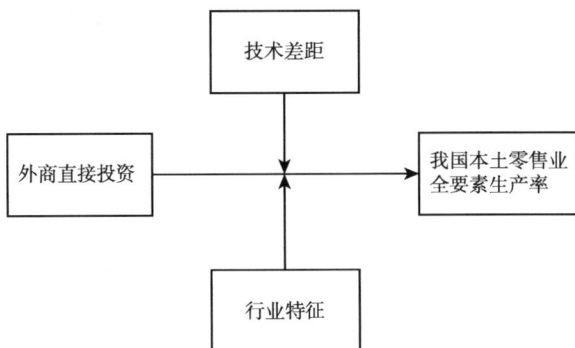

图 6 – 4   我国零售业外商直接投资技术溢出效应影响因素分析框架

6.2.2   数据、变量与模型设定

本部分主要考察影响我国零售业外商直接投资技术溢出效应的因素。数据来源同第 5. 3. 1 节。

本书按照不同外资类型对这 9 个零售业子行业的数据进行加总处理，能够分别获得进入我国零售业的港澳台地区资本和外商资本。再将这两类外资加总，可以得到进入我国零售业的外资直接投资总额。计算资本密集度使用的固定资产存量数据是前文使用永续盘存法计算获得的，从业人员数、主营业务收入、法人单位数、工资总额等指标均来自 2006 ~ 2011 年《中国贸易外经统计年鉴》，其中，安徽、吉林和河北等地区在 2009 年的主营业务收入数据缺失，本书以相邻两年的平均值作为替代。在计算劳动生产率时，海南、宁夏和青海在 2008 年，西藏、甘肃和青海在 2007 年，吉林、西藏和宁夏在 2006 年，西藏和宁夏在 2005 年的相关数据缺失。

　　核心解释变量仍然有两个，即港澳台地区外商直接投资变量和欧美发达国家外商直接投资变量。同时从两个层面分别考察每种外商直接投资对我国本土零售业全要素的影响，即外商直接投资总规模与外商直接投资参与程度。外商直接投资的规模变量以当期进入我国零售业的外商直接投资总额来衡量，而外商直接投资参与程度变量则以外商直接投资与我国本土零售业主营业务收入的比值来反映，如果该比值越大，则表明外商直接投资的参与程度越高（周文博，樊秀峰，2013）。

　　本书将理论上对我国零售业外商直接投资的技术溢出效应产生影响的因素设定为调节变量，利用交互效应来考察随着影响因素的变化，外商直接投资会对我国本土零售业全要素生产率的影响产生怎样的变化。具体的，这些调节变量或影响因素包括四个：

　　（1）内外资零售企业整体上的技术差距，这主要通过外资零售业劳动生产率与内资零售业劳动生产率的差额与内资零售业劳动生产率的比值来衡量。全员劳动生产率是根据产品的价值量指标计算的平均每个从业人员在单位时间内的产品生产量，是企业生产技术水平、经营管理水平、职工技术熟练程度和劳动积极性的综合表现。从已有研究来看，目前我国的全员劳动生产率是将行业的增加值除以同一时期全部从业人员的平均人数来计算的。结合数据的可获得性，本书使用零售业的主营业务收入与同一时期的全部从业人员的比值来衡量我国本土零售业的劳动生产率。

　　（2）零售业的资本密集度，这主要是以零售业的固定资本存量与从业人员数的比值来衡量，通常认为资本密集度越高，有利于全要素生产率的提升。所以理论上认为随着资本密集度的提高，零售业外商直接投资的技术溢出效应也会更加明显。

　　（3）市场集中度或企业规模，这主要是以主营业务收入与法人单位数的比值来衡量，如果该比值越大，则表明行业内企业规模总体偏大，市场集中度较高。理论上认为企业规模越大，市场集中度越高，零售企业越能够发挥规模经济和范围经济，其对国外先进技术的模仿、学习和吸收能力也就越高，所以随着市场集中度的提高，我国零售业外商直接投资的技术溢出效应也越发明显。

（4）人力资本水平，主要是以平均工资水平来衡量行业的人力资本水平或劳动力质量。通常而言，平均工资水平与劳动力质量之间呈现正相关的关系，而拥有较高劳动力质量的零售企业往往能够获得较快的全要素增长率。

变量的定义及详细的统计描述参见表6－9。

表6－9　　　　　　　　　　变量的定义及统计描述

变量	符号	衡量方法	均值	标准差	最小值	最大值
零售业全要素生产率	TFP	使用 MI 生产率指数测算	1.16	0.16	0.81	1.93
外商直接投资总规模	FDIT	进入零售业的外商直接投资总额	55144.44	119006.8	0	789116
外商直接投资参与度	FDIC	零售业利用的港澳台地区外商直接投资总额与其主营业务收入的比值	0.00297	0.0044	0	0.0309
内外资企业的技术差距	Tech	外资企业劳动生产率与内资企业劳动生产率的差额与内资企业劳动生产率的比值	30.68	28.173	1.284	168.271
资本密集度	CI	固定资本存量/从业人数	76.75	66.14	18.15	656.42
市场集中度	Market	主营业务收入/法人单位数	8593.59	2797.99	2193.67	18681.45
人力资本水平	HC	工资总额与职工数的比值	192.18	75.20	66.19	494.71

从检验结果来看图6－5和图6－6，无论是以外商直接投资总规模为被解释变量的杠杆值检验，还是以外商直接投资参与程度为被解释变量的杠杆值检

验均显示，绝大部分样本点的杠杆值和样本点的标准残差值都在平均水平以内，但有少量样本点的杠杆值和样本点的标准残差值略微超出了平均水平，但超出程度并不大。所以综合来看，样本中不存在会对实证结果产生较大影响的杠杆值。同时，本书还采用 CN（Condition Number）判断法检验变量间是否有严重的多重共线性问题，结果显示 CN 值为 8.83，远小于临界值 20，所以本书可以认定变量间不存在严重的多重共线性问题。

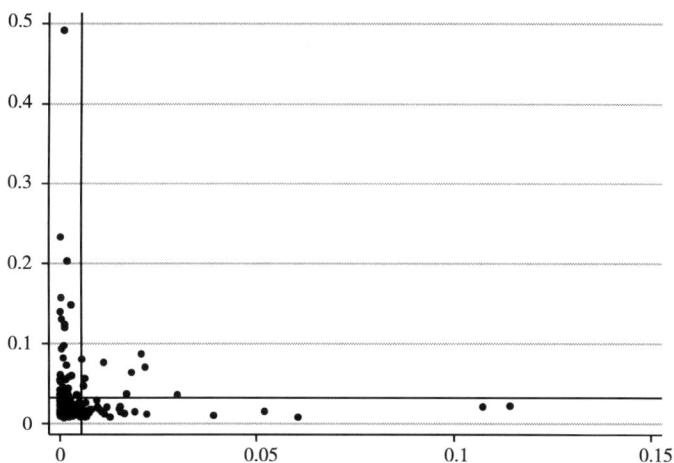

图 6 – 5　以外商直接投资总规模为核心解释变量的杠杆值检验

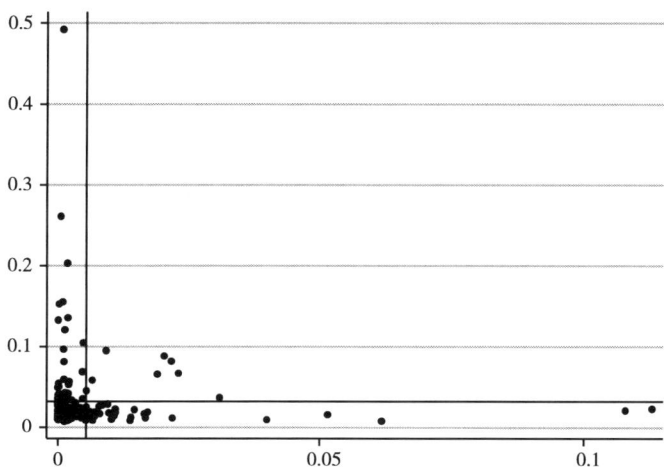

图 6 – 6　以外商直接投资市场参与度为核心解释变量的杠杆值检验

为进一步考察影响我国本土零售业外商直接投资技术溢出效应的因素，在基础模型上进行拓展，得到如下的计量模型：

$$\text{TFP}_{it} = \beta_0 + \beta_1 \text{FDI}_{it} + u_i + \varepsilon_{it} \qquad (6.6)$$

其中，FDI 为进入我国零售业的外商直接投资总额。为更好地反映随着影响因素的变化，外商直接投资对我国本土零售业全要素生产率的影响如何发生变化，还需要在模型中加入调节变量和调节变量与外商直接投资总规模变量（或是参与程度变量）的交互项，得到拓展的计量模型如下：

$$\begin{aligned} \text{TFP}_{it} = &\beta_0 + \beta_1 \text{FDI}_{it} + \beta_2 \text{CI}_{it} + \beta_3 \text{Market}_{it} + \beta_4 \text{HC}_{it} + \beta_4 \text{Tech}_{it} \\ &+ \alpha_1 \text{Tech.FDI} + u_i + \varepsilon_{it} \end{aligned} \qquad (6.7)$$

$$\begin{aligned} \text{TFP}_{it} = &\beta_0 + \beta_1 \text{FDI}_{it} + \beta_2 \text{CI}_{it} + \beta_3 \text{Market}_{it} + \beta_4 \text{HC}_{it} + \beta_4 \text{Tech}_{it} \\ &+ \alpha_2 \text{Market.FDI} + u_i + \varepsilon_{it} \end{aligned} \qquad (6.8)$$

$$\begin{aligned} \text{TFP}_{it} = &\beta_0 + \beta_1 \text{FDI}_{it} + \beta_2 \text{CI}_{it} + \beta_3 \text{Market}_{it} + \beta_4 \text{HC}_{it} + \beta_4 \text{Tech}_{it} \\ &+ \alpha_3 \text{CI.FDI} + u_i + \varepsilon_{it} \end{aligned} \qquad (6.9)$$

$$\begin{aligned} \text{TFP}_{it} = &\beta_0 + \beta_1 \text{FDI}_{it} + \beta_2 \text{CI}_{it} + \beta_3 \text{Market}_{it} + \beta_4 \text{HC}_{it} + \beta_4 \text{Tech}_{it} \\ &+ \alpha_4 \text{HC.FDI} + u_i + \varepsilon_{it} \end{aligned} \qquad (6.10)$$

上式中，Tech 为内外资零售业的技术差距，CI 为零售业的资本密集度，HC 是通过平均工资水平反映的人力资本水平，Market 是通过从业人员数衡量的企业规模。ε 是标准误差项，表示未观测到的影响因变量的其他因素，u 代表不随时间改变但是与因变量相关联的未观测到的个体效应。其中，调节变量与外商直接投资交互项变量的一系列系数 α 是本书重点关注的，以技术差距与外商直接投资交互项为例，如果该系数均为正值且显著，则随着内外资技术差距的不断扩大，我国零售业外商直接投资的技术溢出效应愈发明显，扩大的技术差距有利于我国本土零售业更好的模仿、学习和吸收国外先进技术，从而加速自身全要素生产率的提升和竞争能力的提高。反之则说明随着我国本土零售企业与外资零售企业之间的技术差距越大，越不利于我国本土零售业利用外资实现技术水平的提升。

6.2.3 实证回归结果及分析

由于本部分的实证都是采用基于面板数据的多元线性回归分析法进行，因而与前文一样存在模型选择、异方差检验、序列相关以及内生性问题等。

由于假设条件的不同，面板数据回归模型又可以分为混合效应模型（Pooled Effects Model，PE）、随机效应模型（Random Effects Model，RE）以及固定效应模型（Fixed Effects Model，FE）三种，并且不同的计量模型和估计方法会对实证结果产生较大的影响，因此有必要进行较为严格的模型筛选。同时，由于面板数据同时包含个体信息和时间维度的信息，因此可能存在异方差和序列相关问题，① 并会导致实证结论出现偏误，因此也必须相关的检验，以保证最终结论的准确性。此外，正如前文中反复提到的，我国本土零售业全要素生产率的提升，除了外商直接投资的进入通过学习和模仿效应等产生的技术溢出效应之外，国外投资者在选择投资对象时偏好技术进步程度较大的行业进行投资也存在理论上的可能，即我国本土零售业全要素生产率的提升是外商自我选择的结果，因而在实证部分存在内生性问题的可能，所以必须进行内生性问题的检验。具体的检验结果可参见附表，检验显示各模型均适合采用固定效应模型进行计量回归分析，同时原序列不存在明显的时间序列问题，但是有显著的组间异方差问题。内生性检验也显示模型不存在内生性问题。

表 6 – 10 是以外商直接投资（不区分来源）总规模为核心变量，将一系列影响因素设定为调节变量的回归分析结果。模型（1）是以我国本土零售业（内资）的全要素生产率为被解释变量，以一系列调节变量为解释变量进行回归的结果。从回归结果来看，技术差距变量的系数为正值且显著（5% 的统计水平），表明随着内外资零售企业在全员劳动生产率方面的差距越大，越有利于我国本土零售企业通过模仿、学习和吸收来提高自身的技术水平和竞争能力。资本密集度变量和人力资本水平变量的系数均在 5% 的水平上显著，并且系数都是为正的，说明行业资本密集度以及人力资本水平对零售业的全要素生产率提升起到积极的作用，随着资本密集度的增加，或者劳动力质量的提高，零售业的整体劳动效率也会得到提升。但以企业规模衡量的市场集中度变量的系数并不显著，说明当前我国零售业内的企业规模或市场集中度的变化，并不会对整体的行业劳动生产率产生明显的影响。

---

① 　面板数据的异方差通常是指组间异方差，即各个截面之间的异方差，并且由于随机效应模型已经考虑了异方差的问题，因此组间异方差的检验一般都是针对固定效应模型进行的。

表 6 – 10　　　　　**我国零售业外商直接投资技术溢出效应的影响因素**
实证结果（N = 175）

变量	模型（1）固定效应	模型（2）固定效应	模型（3）固定效应	模型（4）固定效应	模型（5）固定效应
FDIT		9.67 *** (0.84)	3.54 ** (0.791)	2.12 *** (0.712)	2.49 *** (0.167)
Tech. FDIT		1.191 ** (0.462)			
Tech	0.779 ** (0.542)	1.092 *** (0.406)	1.45 *** (0.448)	3.56 *** (0.448)	3.83 *** (0.448)
CI. FDIT			3.67e – 10 (9.12e – 10)		
CI	3.320e – 04 ** (2.07e – 04)	3.61e – 04 ** (1.99e – 04)	3.852e – 04 ** (2.04e – 04)	3.668e – 04 ** (2.06e – 04)	3.673e – 04 ** (1.19e – 04)
Market. FDIT				35.661 *** (4.489)	
Market	4.84e – 06 (5.26e – 06)	3.81e – 06 (5.78e – 06)	5.14e – 06 (5.99e – 06)	6.03e – 06 (6.28e – 06)	4.01e – 06 (5.58e – 06)
HCFDIT					0.326 ** (0.098)
HC	9.57e – 04 *** (3.23e – 05)	2.23e – 04 *** (3.32e – 05)	2.752e – 04 *** (3.18e – 05)	2.89e – 04 *** (3.10e – 05)	2.03e – 04 *** (3.16e – 05)
常数	2.485 *** (0.137)	1.16 *** (0.059)	1.154 *** (0.061)	1.14 *** (0.062)	1.15 *** (0.061)
F/Wald 值	586.33 ***	119.6 ***	121.8 ***	124.9 ***	125.1 ***
R^2	0.41	0.43	0.43	0.43	0.43

　　注：（1）在计算劳动生产率时，海南、宁夏和青海在 2008 年，西藏、甘肃和青海在 2007 年、吉林、西藏和宁夏在 2006 年、西藏和宁夏在 2005 年的相关数据缺失，所以样本观测值一共为 175 个。（2）被解释变量为我国本土零售业的全要素生产率；*** 、** 分别表示变量系数在 1%、5% 的水平上显著，括号内为使用自抽样（Bootstrap）法进行纠偏的标准误。

　　在模型（1）的基础上分别加入技术差距与外商直接投资总规模的交互项、资本密集度与外商直接投资总规模的交互项、市场集中度与外商直接投资总规模的交互项以及人力资本水平与外商直接投资总规模的交互项，分别构成模型（2）至模型（5）并进行回归分析。从 F 统计量或 Wald 统计量来看，均高度显著，表明计量模型的设定较好。从拟合优度来看，当加入了港澳台地区外商直接投资总规模变量及其与技术差距、资本密集度、人力资本水平以及市场集中度等的交互项之后，模型的拟合优度有了显著提高（从 0.41 提升到 0.43），表明核心解释变量的加入增加了模型的解释力度。

　　实证结论可以归纳为以下几个方面：第一，技术差距与外商直接投资总规模的交互项系数为正数且在 5% 的统计水平上显著，这表明技术差距对我国本土零售业外商直接投资的技术溢出效应起到正向的调节作用，在一定的外商直接投资规模下，随着内外资零售企业全员劳动生产率差距的不断扩大，我国本土零售企业更能够通过外资直接投资来提升自己的技术水平和竞争能力。第二，资本密集度与外商直接投资总规模的交互项系数虽然为正值，但在统计上并不显著，表明外商直接投资总规模对我国本土零售业全要素生产率的作用并不会受到零售业资本密集度的影响，这可能与我国本土零售业更多的是劳动密集型产业有较大关系。第三，市场集中度与外商直接投资总规模的交互项系数为正值且在 1% 的水平上显著，这表明市场集中度的提高、零售业企业规模的扩大会对我国本土零售业外商直接投资的技术溢出效应起到正向的调节作用，在一定的外商直接投资规模下，随着我国本土零售业企业规模的不断扩大，我国本土零售企业更能够通过外资直接投资来提升自己的技术水平和竞争能力。第四，人力资本水平变量与外商直接投资总规模变量的交互项系数为正值且在 5% 的水平上显著，这表明我国零售业人力资本水平的提高会对我国本土零售业外商直接投资的技术溢出效应起到正向的调节作用，在一定的外商直接投资规模下，零售业劳动力质量的提高有利于我国本土零售企业通过外资直接投资来提升自己全要素生产率。实证结果如表 6 – 11 所示。

表 6 – 11　　　　**我国零售业外商直接投资技术溢出效应的影响因素**
实证结果（N = 175）

变量	模型（1）固定效应	模型（6）固定效应	模型（7）固定效应	模型（8）固定效应	模型（9）固定效应
FDIC		4.49 ** (1.47)	2.65 *** (0.325)	1.796 ** (0.432)	2.67 *** (0.403)
Tech. FDI		0.086 *** (0.024)			

续表

变量	模型（1）固定效应	模型（6）固定效应	模型（7）固定效应	模型（8）固定效应	模型（9）固定效应
Tech	0.779 ** (0.542)	4.09 *** (0.506)	2.27 *** (0.445)	9.07 *** (0.444)	1.513 *** (0.437)
Cl. FDIT			9.542e−04 (2.28e−03)		
CI	3.320e−04 ** (2.07e−04)	3.39e−04 ** (2.01−04)	3.383e−04 ** (2.13e−04)	3.501e−04 ** (2.05e−04)	3.673e−04 ** (1.19e−04)
Market FDIT			5.632e−03 (4.489e−03)		
Market	4.84e−06 (5.26e−06)	4.82e−06 (5.77e−06)	5.57e−06 (6.03e−06)	6.26e−06 (6.63e−06)	4.01e−06 (5.58e−06)
HCFDIT					9.08e−03 ** (1.48e−03)
HC	9.57e−04 *** (3.23e−05)	1.99e−04 *** (3.03e−05)	2.545e−04 *** (3.10e−05)	2.705e−04 *** (3.11e−05)	1.904e−04 *** (3.23e−05)
常数	2.485 *** (0.137)	1.167 *** (0.059)	1.162 *** (0.061)	1.142 *** (0.062)	1.144 *** (0.061)
F/Wald 值	586.33 ***	149.7 ***	130.2 ***	115.7 ***	137.8 ***
R^2	0.41	0.44	0.44	0.44	0.44

注：（1）在计算劳动生产率时，海南、宁夏和青海在 2008 年，西藏、甘肃和青海在 2007 年，吉林、西藏和宁夏在 2006 年，西藏和宁夏在 2005 年的相关数据缺失，所以样本观测值一共为 175 个。（2）被解释变量为我国本土零售业的全要素生产率；***、** 和 * 分别表示变量系数在 1%、5% 和 10% 的水平上显著，括号内为使用自抽样（Bootstrap）法进行纠偏的标准误。

表 6 - 12 是以外商直接投资（不区分来源）市场参与度为核心变量，将一系列影响因素设定为调节变量的回归分析结果。模型（1）是以我国本土零售业（内资）的全要素生产率为被解释变量，以一系列调节变量为解释变量进行回归的结果。从回归结果来看，技术差距变量的系数为正值且显著（5% 的统计水平），表明随着内外资零售企业在全员劳动生产率方面的差距越大，越有利于我国本土零售企业通过模仿、学习和吸收来提

高自身的技术水平和竞争能力。资本密集度变量和人力资本水平变量的系数均在5%的水平上显著，并且系数都是为正的，说明行业资本密集度以及人力资本水平对零售业的全要素生产率提升起到积极的作用，随着资本密集度的增加，或者劳动力质量的提高，零售业的整体劳动效率也会得到提升。但以企业规模衡量的市场集中度变量的系数并不显著，说明当前我国零售业内的企业规模或市场集中度的变化，并不会对整体的行业劳动生产率产生明显的影响。

在模型（1）的基础上分别加入技术差距与外商直接投资参与度的交互项、资本密集度与外商直接投资参与度的交互项、市场集中度与外商直接投资参与度的交互项以及人力资本水平与外商直接投资参与度的交互项，分别构成模型（6）～模型（9）并进行回归分析。从F统计量或Wald统计量来看，均高度显著，表明计量模型的设定较好。从拟合优度来看，当加入了港澳台地区外商直接投资参与度变量及其与技术差距、资本密集度、人力资本水平以及市场集中度等的交互项之后，模型的拟合优度有了显著提高（从0.41提升到0.44），表明核心解释变量的加入增加了模型的解释力度。

实证结论可以归纳为以下几个方面：第一，技术差距与外商直接投资总规模的交互项系数为正数且在1%的统计水平上显著，这表明技术差距对我国本土零售业外商直接投资的技术溢出效应起到正向的调节作用，保持一定的外商直接投资参与程度，随着内外资零售企业全员劳动生产率差距的不断扩大，我国本土零售企业更能够通过外资直接投资来提升自己的技术水平和竞争能力。第二，资本密集度与外商直接投资参与度的交互项系数以及市场集中度与外商直接投资参与度的交互项系数虽然都为正值，但在统计上均不显著，表明外商直接投资参与度对我国本土零售业全要素生产率的作用并不会受到零售业资本密集度以及市场集中度（行业内零售企业规模）的影响。第三，人力资本水平变量与外商直接投资参与度变量的交互项系数为正值且在5%的水平上显著，这表明我国零售业人力资本水平的提高会对我国本土零售业外商直接投资的技术溢出效应起到正向的调节作用，在一定的外商直接投资参与程度下，零售业劳动力质量的提高有利于我国本土零售企业通过外资直接投资来提升自身的全要素生产率。本部分所有的实证结论可以通过表6－12得到逐一呈现。

表 6 − 12 理论假设的验证结果

理论假说	实证检验结果
假说5：内外资零售业的技术差距越大，越有利于我国零售业外商直接投资技术溢出效应的产生	
假说5a：外商直接投资总规模对我国本土零售业全要素生产率的促进作用会受到技术差距的正向调节作用	成立
假说5b：外商直接投资参与度对我国本土零售业全要素生产率的促进作用会受到技术差距的正向调节作用	成立
假说6：资本密集度的提高有利于我国零售业外商直接投资技术溢出效应的产生	
假设6a：外商直接投资总规模对我国本土零售业全要素生产率的促进作用会受到行业资本密集度的正向调节作用	不成立
假说6b：外商直接投资参与度对我国本土零售业全要素生产率的促进作用会受到行业资本密集度的正向调节作用	不成立
假说7：我国零售业市场集中度的提升有利于外商直接投资技术溢出效应的产生	
假设7a：外商直接投资总规模对我国本土零售业全要素生产率的促进作用会受到市场集中度的正向调节作用	成立
假设7b：外商直接投资参与度对我国本土零售业全要素生产率的促进作用会受到市场集中度的正向调节作用	不成立
假说8：人力资本水平的提升有利于我国零售业外商直接投资技术溢出效应的产生	
假设8a：外商直接投资总规模对我国本土零售业全要素生产率的促进作用会受到人力资本水平的正向调节作用	成立
假设8b：外商直接投资参与度对我国本土零售业全要素生产率的促进作用会受到人力资本水平的正向调节作用	成立

6.3 本章小结

　　本章主要实证分析影响我国本土零售业利用外商直接投资提升全要素生产率的影响因素，主要内容可以分为两个部分：第一部分主要考察不同的外商直接投资来源对我国本土零售业外商直接投资技术溢出效应的影响。第二部分主要分析影响外商直接投资与我国本土零售业全要素生产率提升之间关系的影响因素，根据已有研究，本书选取的影响因素主要有内外资全员劳动生产率差异衡量的技术差距、行业的资本密集度、行业内企业规模衡量的市场集中度以及人力资本水平这四个方面。本部分重点分析随着这些因素的变化，外商直接投资与我国本土零售业全要素之间的关系会发生怎样的变化。

本章研究的主要结论可以归结为以下几个方面：

（1）不同来源的外商直接投资对我国本土零售业全要素生产率的影响存在较大差别，从外商直接投资的规模影响来看，无论是港澳台地区外商直接投资还是欧美发达国家外商直接投资总规模的增加，都会显著促进我国本土零售业全要素生产率的提高；但从外资参与程度的影响来看，随着欧美发达国家外资市场参与程度的提高，我国本土零售业全要素生产率也会获得提升，而港澳台地区外资参与度对我国本土零售业全要素生产率不产生显著影响。

（2）同等外资规模的增加，欧美发达国家外资对我国本土零售业全要素生产率的影响要大于港澳台地区的外资，即欧美外资的技术溢出效应更明显。

（3）从影响外商直接投资总规模与我国本土零售业全要素生产率之间关系的因素看，内外资企业技术差距的扩大、市场集中度的提高以及人力资本水平的提升，都有利于我国本土零售业利用外商直接投资来提升技术水平和竞争能力，但行业的资本密集度不会对外资和我国零售业全要素生产率间的关系产生显著的调节作用。

（4）从影响外商直接投资参与程度与我国本土零售业全要素生产率之间关系的因素看，内外资企业技术差距的扩大和人力资本水平的提升，都有利于我国本土零售业利用外商直接投资来提升技术水平和竞争能力，但行业的资本密集度和市场集中度不会对外资和我国零售业全要素生产率间的关系产生显著的调节作用。

第7章　结论与政策启示

从一定意义上说，把外商直接投资和经济学理论相结合应用到商业经济领域，在经济学理论框架下对外商直接投资与中国内资零售业全要素生产率增长之间的关系进行系统的理论分析和实证研究，本书还属于"抛砖引玉"。虽然对这方面的研究是相当初步的，但是通过本书得到一些有意义的结论，并由此可以得到一些很重要的政策启示。然而，本书仍然还存在很多局限，更多的问题有待今后进一步深入探讨。

7.1　研究结论

通过对本书的核心内容（第4章至第6章）研究，得到以下几方面的结论。

7.1.1　中国零售业发展启示

本书第4章运用2005～2011年的统计数据，结合基于DEA投入法的Malmqusit生产率指数法测算了中国本土零售业的全要素生产率。结果显示：

（1）总体看，虽然在某些年份有所波动，我国本土零售业的全要素生产率处于增长状态。

（2）从分地区角度看，西部地区零售业全要素生产率增速显著高于其他地区，其次是中部地区，东部地区零售业全要素生产率增速最为缓慢。

（3）具体到省、自治区和直辖市层面，宁夏、甘肃、内蒙古以及黑龙江等地区的零售业全要素生产率较快，保持在20%左右，最低的则是广东、云南和吉林等地区，零售业全要素生产率的年增速均保持在个位数。

（4）从零售业全要素生产率的驱动因素看，虽然技术效率提升和技术进步都对零售业的全要素生产率增长做出了贡献，但技术进步是主要的贡献力量，技术效率的作用显著偏低，甚至在某些年份制约了全要素生产率的增长；

但从技术进步指标分析，一些地区的技术进步速度很高，但因为技术效率的制约，使得这些地区的零售业全要素生产率增速处于较低的水平。

7.1.2　外商直接投资与中国本土零售业全要素生产率的关系

本书第 5 章利用 2006～2011 年中国本土零售业全要素生产率数据与进入零售业的外商直接投资的数据，从实证角度对外商直接投资（规模和市场参与度）与我国本土零售业全要素生产率的关系做一个判断。

使用面板协整分析的主要结论有：

（1）通过面板单位根检验和协整关系检验的结果发现，原序列存在显著的单位根问题，而进行差分处理后不再含有单位根，服从非平稳的 I（1）过程，且二者间存在显著的协整关系。

（2）面板格兰杰因果关系检验表明，无论是在短期还是长期，外商直接投资规模以及市场参与度与零售业全要素生产率二者之间呈现显著的单向格兰杰因果关系。进入我国零售业的外商直接投资规模的扩大或市场参与度的提升不仅能够促进我国本土零售业全要素生产率的提升，这种效应在长期内也是显著存在的，反过来则不成立。

（3）根据误差修正模型的估计结果，外商直接投资规模的提升不仅能在短期内促进我国本土零售业全要素生产率的提高，而且这种促进效应在长期内也是存在的。

（4）外商直接投资市场参与度与我国本土零售业全要素生产率之间存在显著的长期均衡关系，但短期动态调整关系却呈现负相关。这说明外商直接投资市场参与度的提升在短期内对本土零售业的生产效率产生负面影响，但长期内却能够起到明显的促进作用。

（5）在格兰杰因果关系检验基础上进行了反映变量间动态关系的脉冲响应函数分析，当对外商直接投资规模或市场参与度施加一个标准差的正向冲击后，零售业全要素生产率在第一期小幅下降后迅速回升，并在第二期达到正的最高点，此后逐渐下降并趋于零。而使用工具变量法进行内生性检验后发现，在分别以外商直接投资规模变量和市场参与度变量滞后一阶项为工具变量的 IV 估计基础上进行的检验表明，模型并不存在显著的内生性问题，而且采用固定效应模型估计是较为有效的。

7.1.3 外商直接投资与中国本土零售业全要素生产率关系的影响因素分析

本书第6章利用2006~2011年中国本土零售业全要素生产率数据与进入零售业的外商直接投资的数据，使用面板数据回归和调节变量考察不同的外商直接投资来源对我国本土零售业外商直接投资技术溢出效应的影响和影响外商直接投资与我国本土零售业全要素生产率提升之间关系的因素。

得到的主要结论可以归结为以下几个方面：

（1）不同来源的外商直接投资对我国本土零售业全要素生产率的影响存在较大差别，从外商直接投资的规模影响来看，无论是港澳台地区外商直接投资还是欧美发达国家外商直接投资总规模的增加，都会显著促进我国本土零售业全要素生产率的提高；但从外资参与程度的影响来看，随着欧美发达国家外资市场参与程度的提高，我国本土零售业全要素生产率也会获得提升，而港澳台地区外资参与度对我国本土零售业全要素生产率不产生显著影响。

（2）同等外资规模的增加，欧美发达国家的外资对我国本土零售业全要素生产率的影响要大于港澳台地区外资的影响，即欧美发达国家外资的技术溢出效应更明显。

（3）从影响外商直接投资总规模与我国本土零售业全要素生产率之间关系的因素看，内外资企业技术差距的扩大、市场集中度的提高以及人力资本水平的提升，都有利于我国本土零售业利用外商直接投资来提升技术水平和竞争能力，但行业的资本密集度不会对外资和我国零售业全要素生产率间的关系产生显著的调节作用。

（4）从影响外商直接投资参与程度与我国本土零售业全要素生产率之间关系的因素看，内外资企业技术差距的扩大和人力资本水平的提升，都有利于我国本土零售业利用外商直接投资来提升技术水平和竞争能力，但行业的资本密集度和市场集中度不会对外资和我国零售业全要素生产率间的关系产生显著的调节作用。

7.2 政策与启示

结合本书结论的分析，可以得出一些有益的政策启示：

7.2.1　侧重零售业转型发展的引导

在 2006~2011 年，中国本土零售业的全要素生产率经历了较快的增长，但主要是依赖于技术进步的增长而不是技术效率的提高。中国零售业在发展过程中还没充分挖掘现有资源和技术方面的能力，要努力实现中国零售业全要素生产率增长的双轮驱动（技术效率和技术进步并重）。技术引进带来的技术进步早晚会受到瓶颈制约，如依靠这类型的技术进步，则零售业全要素生产率增长难以持续，且发展到一定阶段会停滞不前。正如中国西部地区零售业全要素生产率增速显著高于其他地区，其次是中部地区，东部地区零售业全要素生产率增速最为缓慢。虽然中国各地区发展开放时间不等与经济发展不平衡，但是零售业自身存在自主创新能力低，可持续发展后劲不足等问题。

政府在这方面可以有所为，创造中国零售业发展的良好环境，实现零售业的市场化和市场的制度化，包括市场在内的竞争秩序，市场外在的社会环境秩序和市场经济要求相一致的道德秩序，在科学范围内积极提供指导、调控，推动我国本土零售业加速发展。

对于政府决策部门来说，首先需要通过多种措施来为本土零售企业营造一个良好的制度和市场环境，除了要在现代化物流体系、商业信息化等公共平台型技术方面给予必要的财力支持以外，还应该更为重视现代开放式零售技术创新服务体系的构建，以进一步推进先进零售技术的传播速度；其次，要着力研究城市商业网点的布局和规划，推动现代城市商业网点的建设工作，以从宏观上对零售业网点布局进行指导，防止大型零售企业进行盲目性的规模扩张，从而达到减少恶性竞争的目的；最后，还要通过多种优惠政策措施鼓励和吸引更多的外资企业到广大中西部地区进行投资，在政策上对于中西部地区的上市零售企业要给予足够的支持，同时还要努力提升中西部地区零售企业管理人员的业务素质和知识，从而促进不同区域本土零售企业之间的和谐发展。

从企业层面来看，我国本土零售企业要想打造核心竞争优势，就必须努力提升自身的技术水平、改善生产效率，具体可以从以下几个方面展开：一是要加强自主创新的力度。除了要重视物流技术、信息技术等硬件技术等方面的创新，同时也要关注管理、业态等多方面的软件技术创新。对于零售企业而言，管理、业态等多方面的软件技术创新，尤其是新的零售业态模式将在很大程度上推动本土零售企业生产效率的提升和经营绩效的改善。二是要更加重视规模质量的优化。充分发挥规模经济和范围经济的作用，有助于零售企业提升市场竞争力。但是上市零售企业在并购和扩张的过程中，必须谨慎对待并购过程中可能出现的风险，加强风险预警和评估，同时对于进行超出零售业范围的多元化扩张要高度谨慎，尽最大限度减少规模报酬递减现象的产生。三是要充分利用和提高有限资源的使用效率，从而降低运营成本。对于本土的零售企业而言，应该通过店铺设计优化、采购过程与管理机制的优化、经营业种与业态结构的优化以及物流流程模式的优化等多个方面，来不断提高效率并降低成本，增强成本方面的竞争优势。四是要通过转化盈利模式来推动技术水平的提升。当前我国本土零售企业的主要盈利模式是收取供应商的进场费或通道费，随着这种盈利模式短期内可以以较小的成本增加企业受益，但是长此以往这种模式容易导致零供矛盾的激化和升级，不利于零售企业的长期可持续发展。所以国内零售企业必须研究新型的盈利模式，改变当前单一的以通道费为主要内容的盈利模式，转向购销差价、商品展示、供应链优化等多维的盈利模式结构。

7.2.2 长期继续合理引进外资，重视技术溢出效应

继 2011 年中国吸引外商直接投资再创新高之后，虽然 2012 年吸收外商直接投资有小幅下滑，但 2013 年结束了这一态势，非金融领域实际吸收外资同比增长 5.3%，服务业吸引外商直接投资继续超过制造业。零售业吸收外商直接投资需要注重效益和质量，强调引资、引技和引智结合，进一步强化利用外资的广度和深度。本书实证研究证明了虽然在短期内外商直接投资市场参与度的提升对本土零售业的生产效率产生负面影响，即大量外资进入中国零售市场，加剧了内资市场上的竞争程度，使得效率最低的企业被迫退出市场，但是长期内外资零售业的进入给本土零售业带来了生机和活力，因此，未来应采取积极措施进一步吸引外资零售业的进入，从考虑扩大外商直接投资的规模到关注提高零售业利用外资的质量和水平，注重技术溢出效应的政策转变，并注重优化外商投资零售业的地区分布，带动欠发达地区零售业升级改造和健康发展。

7.2.3 加强外资分类监管和提升内资能力并重

对外资的监管是中国零售业引入外资政策很重要的一部分，只有从制度上加强对外资进入的管理，才能更好地发挥外商直接投资的技术溢出作用，为内资零售业所用。

7.2.3.1　重视零售业引资的来源地影响，提倡技术含量优先

在零售业引进外资时，由于外资来源存在异质性，应当重视不同外资来源对零售业全要素生产率影响的区别。

第一，外资不同来源地技术水平的差别。欧美发达国家外商直接投资零售业发展水平相对较高，往往具有明显技术优势，在引进时，除了引进他们所使用的系统、方法、程序和技巧（计算机网络技术在零售业的应用）等 Retailing Technology 之外，还应更重视零售文化、理念、惯例、规模、操作和经营等管理技能的 Retailing Know-how 学习以及欧美外资从母公司引进技术结合中国特征创新的理念（沃尔玛经营手段上的创新和改变，将国外店没有的专柜列入中国新开设的店中）。通过示范、模仿效应大力提高内资企业的服务水平和意识，为最终零售业自主创新意识的激发，缩小与大型跨国公司的差距，从而更积极主动地促进零售业外商直接投资溢出效应的发生。

第二，异质性外资竞争效应的区别。以外资参与程度作为竞争效应的替代变量，得出欧美发达国家外商直接投资对内资零售业竞争效应显著为正，而港澳台资本竞争效应不明显。相对于港澳台地区外资，欧美发达国家外商直接投资在零售业技术上的优势较明显，进入东道国后，提高了内资市场上的竞争度，那些效率最低的企业被迫退出市场，其所释放出来的富裕资源被效率较高的具有竞争力的内资企业所吸收后，后者再扩大生产规模，这样就使得整个产业和整个经济体的效率水平提高，显示出正的竞争效应。而港澳台资本外商投资企业与内资企业的技术差距相对较小，港澳台地区投资企业的进入更多体现为与同行业内资企业竞争有限的市场份额和资源，内资企业在与港澳台企业竞争中处于不利地位，如果竞争过度，一些本土流通企业丧失正常市场份额甚至出现亏损、倒闭危及企业甚至行业的发展时，就会产生负向的竞争效应，而本书实证结果显示出港澳台投资对内资企业全要素生产率的影响系数为负值，但不显著。说明港澳台地区外资和内资零售业的竞争还是处于适度范围。

因此，在今后引进不同来源地的外商直接投资项目时，一方面仍应注重港澳台资本的引进和相应技术的消化吸收，另一方面更应重视欧美发达国家外商直接投资技术溢出和竞争效应，建立零售业异质性来源外资的规制政策，引导不同来源地外资有序进入、有度投资，采取鼓励先进技术、允许适宜技术的外资鼓励政策。既要有针对性地鼓励跨国公司使用先进的技术，又要充分考虑该先进技术与我国现阶段发展的适宜性，同时注重相应技术的消化吸收和配套设

施的完善，不断提高内资企业的技术水平，为发挥较好的技术溢出效应创造条件，促使不同来源地的外商直接投资产生更显著的技术溢出效应。

7.2.3.2 正确认识技术差距，培养零售业自主创新意识

在中国零售业市场，内外资合理的技术差距是外商直接投资技术溢出的前提。

对于零售业政府或行业组织可以采用适当的激励和支持措施，帮助内资企业进行快速追赶以便缩小差距，从而推动内资企业进入有效竞争机制。这需要不断增强本土零售企业的自主研发和创新意识。自主研发和创新的意识是零售企业积极开展自主创新的关键前提，可以说在非常大的程度上关系着自主研发和创新是否能够取得成功。对于政府而言，可以利用包括税收等综合政策手段来激励本土零售企业建立自主研发和创新的目标，不断增强进行自主研发和创新的勇气。与此同时，还应该将正面宣传和创新方向二者相结合，利用不同层次的方法或渠道来鼓励本土零售企业学习、模仿、吸收以及利用国外零售企业先进的管理方法和技术，充分强调外商直接投资所产生的技术溢出作用在本土零售企业的自主研发和创新中的重要作用。除此之外，有条件的地方还可以经常召集本地的零售企业参加相关的协会或召开年会，来学习和研讨外资一些著名零售企业的创新方式和先进运营模式。

对于具备自主创新意识和自主研发能力的本土零售企业，在利用外商直接投资技术溢出效应的同时应该树立自主创新的观念，提高自身自主创新的能力：第一，正确对待技术引进和自主创新。零售企业切忌一味引进轻消化，一定要注重引进消化基础之上的吸收创新，主动利用各种方式吸取外资零售企业的先进技术和管理理念，并充分考虑和结合自身的特点、优势与不足，选择最合适的经验和技术来学习和模仿。第二，加大创新投入，提高自身的吸收能力，只有良好的吸收能力才能最大化外商直接投资的技术溢出效应。这就需要零售企业增加创新投入，调整科研资金结构，最有效利用科研资金。在基础科研方面，本土零售业必须意识到基础研究是新知识、新发明产生的重要基础，同时也是形成企业生产率提升和技术进步的关键前提。与西方主要发达国家相比，我国的本土零售业的基础性研究还处于初级阶段，也不受到企业的重视，因为基础研究的长期性以及不确定性，使得零售企业把目光投向见效快，营利性强的项目，使得本土零售业难以在本领域有较大的突破。第三，零售企业可以加强自有品牌的投资，加大开发适合消费者需求的自有品牌。第四，零售企

业可以加强和高校、科研院所的合作。在中国，大约有70%的高科技研究成果都掌握在科研院所和高校的手中，而这种企业与科研机构分离的模式导致了许多有价值的科研成果无法应用到生产实际中，零售企业和科研院所、高校合作少，间接地使理论和实践得不到很好结合，使得即便外商直接投资产生了技术溢出效应，也很难通过较为快捷的途径进入到本土零售企业的自主研发和创新领域。因此，本土零售业应该主动积极寻求和科研院所、高校的合作，形成同盟，利用科研院所和高校的资金、人力资本和科研环境来促进自己的自主创新。

7.2.3.3　提高零售业资金利用率，合理安排资金使用

资本密集度对外商直接投资与中国零售业全要素生产率的影响之间的作用不显著，说明中国零售业的资源还没得到合理有效的利用，资本密集度始终抑制零售业吸收外资的发展，这一现象必须引起政府和零售企业的重视，提高零售业各种资本资源的利用率，杜绝资源闲置和资源浪费。

政府鼓励企业进行信息化建设，全面支持商业零售业实现现代商业管理模式与IT信息技术结合，实现高效率低成本运营。政府对率先进行信息化建设并取得良好效果与经营业绩的企业进行物质、精神上的奖励，并予以投资支持或税收减让。

中国零售业在传统一直被认为是劳动密集型的产业，信息化水平严重滞后，虽然近几年管理信息系统在商业中的运用越来越广泛，但与世界零售业还存在相当大的差距。中国零售业应抓紧时机，利用现代物联网技术的发展，完善物流、信息流及资金流的管理、全面降低经营成本；实行科学合理订货、快捷配送、提高商品的周转率、降低库存；提高资金利用率及工作效率，提高商业零售企业管理运作及经营决策效率。

7.2.3.4　营造有效的竞争性市场环境，培育企业竞争力

加强内资企业自身建设，培育竞争力，是积极提升外商直接投资技术溢出效应的重要基础。研究结果表明，竞争效应的正反馈机制还尚未在内外资企业之间形成，这说明我国的内资企业与外资企业之间还未形成激烈有效的竞争局面。由于跨国公司往往根据外部市场环境的变化，通过整合企业内部和外部的资源和能力，采用技术竞争优势范式来开拓和占领潜在的未来市场。所以在东道国本土企业还没有具备较强的竞争实力情况下，跨国企业仅仅需要使用母公

司原有的、成熟的且较为普及的技术，就能够拥有领先于内资企业的竞争优势，所以也不需要将更好、更先进的技术转向我国国内，这就使得外商直接投资的技术溢出效应遭到了很大程度上的削弱。因此，营造有效的竞争性市场环境对于发展中东道国利用外商直接投资的技术溢出效应是十分关键的。更为具体的，这种效的竞争性市场环境主要是创造一种有利于跨国企业和本土企业进行公平有序竞争的市场环境，根据加入 WTO 的相关要求，实施相同的国民待遇，培育和提升本土企业的竞争优势等方面。同时，本土零售企业也可以加强联系，通过构建技术联盟来分享甚至互换好的技术成果，充分利用整合资源的优势，扩大在与跨国零售企业竞争过程中的优势，并放大技术溢出效应的范围和程度。

加快内资零售企业整合步伐，扩大企业规模，建立更多能与外资零售业相抗衡的内资零售业，规模对于内资零售业吸收外资零售业的先进技术存在重要的影响。因此，内资零售业有必要在整合行业资源的基础上不断做大做强，不断扩大经营规模，通过资产重组，实现强强联合。政府部门从制定法规、政策的角度着手，为零售企业之间的联合、并购与重组创造条件，鼓励私人资本注入改制后的大型国有商业。地方政府应当减少对商业企业的行政干涉，扫清在企业并购重组中的体制、人事障碍。同时，政府部门还应该从工商管理、税收等方面为企业的并购重组合发展创造良好环境。从而有利于促进本土零售业的技术效率的提升。

7.2.3.5 重视人力资本，加大对人力资本的投入

吸引外资内资零售业能够在多大程度上吸收外资技术、模仿外资的管理经验，最终还需要取决于内资的人力资本水平。只有在先进技术的潜在学习、模仿者自身的技术和知识原始积累存量较大，人力资本水平较高的情况下，才能更好地学习、模仿、消化和吸收创新技术，并逐渐形成自主创新能力，逐步减小与技术领先者之间的差距。但是当前我国的人力资本水平仍然相对较低，尚未发挥其相应作用，这就在较大程度上限制了外商直接投资技术溢出效应发生的大小和范围。

因此，政府一方面要持续增大对教育的投入力度，重视培养和引进高级管理人才、技术人才以及创新人才，建立良好的创新激励机制，促进我国人力资本积累；另一方面，在政府持续加大教育领域硬件和软件的同时，对于企业来说也要不断加大在员工培训方面的投入，不断加大对员工进行技能培训的力

度，并逐步形成干中学的良好机制，注重提高人力资本质量。除此以外，还要做好识别和引进优秀专业技术人才的工作，加强与高校和科研院所的合作和交流，引进一些具有较强自主创新能力的学者，增强企业的自主创新能力。还应注重培养一批具有现代经营观念、掌握现代化经营管理技能和方法的现代经营、管理者。实行公平、公开、透明和完善的绩效考核制度，实行多样化的激励机制，逐步建立起一套能够有效激励人才尤其是具有较强自主创新能力的优秀人才的机制。满足研发人员的各种需求，在内部形成激励竞争和发展的良好环境。还要注重提高企业员工的生活、福利待遇以及完善用人机制，从而吸引高质量人才和专才从海外或者跨国公司回流，积极提升外商直接投资技术溢出效应。

7.3 研究展望

中国零售业的外资进入已经有很久的历史，随着中国市场的销售成本变得越来越高昂，使得已经进入或希望进入中国市场的零售商改变战略，以进军网店作为新一轮外资零售业中国市场扩张的战略，这是外资进入中国零售市场未来的一个趋势。美国百思买、日本山田电机、英国 Argos 和美国奈曼—马库斯等零售商在本国均有网上商店，但是在网络经济下，网络零售已经不能简单以店来衡量，而是以平台的吞吐量作为重要的衡量标准。外资电商开得较早，走在前面，它们的发展水平、发展理念和发展阶段比较领先，而中国零售市场作为跨国零售商全球战略的一部分，它们必然会把平台开到中国来，它们会拥有几个平台，母国一个平台，中国一个平台，其他地方也有平台，像沃尔玛零售一样做大做强。而沃尔玛的触角在 2011 年 6 月 27 日正式宣布在上海设立沃尔玛全球电子商务中国总部，2012 年 2 月 19 日增加对中国电子商务网站 1 号店的控股权，股份持有近 51% 而这其中必然也存在中国内资网商和外资网商相互影响互相竞争的关系，但在网络经济下会与传统经济下的影响或者竞争有区别这些方面可待进一步的研究。

在中观层面，除了本书在产业层面研究外商直接投资对中国零售业全要素生产率的影响外，还可以根据中国东中西部地区经济发展不平衡，零售业对外开放的进程不一样，运用门槛面板模型来研究地区层面的吸收能力差异产生的影响的区别，也不失为研究的一个新视角。

随着零售企业层面数据的可获得性，可以从微观企业层面展开研究。在工业企业大量实证研究发现，使用产业数据得到的结果往往显示为正，从而支持外资具有明显外溢效果的论断，而使用企业数据计算得到的效率外溢结果往往有正有负。原因是在产业层面外资促成资源重组效应：外资进入东道国，提高了内资市场上的竞争度，那些效率最低的企业被迫退出市场，其所释放出来的富裕资源被效率较高的企业所吸收后，后者再扩大生产规模，这样就使得整个产业和整个经济体的效率水平提高。这种资源重组效应是无法通过企业数据分析发现的。企业数据的研究能够透视构成产业的微观个体，具体对中国零售企业合理吸收外资会有现实指导意义。

附 录

表 1　模型选择、异方差、序列相关以及内生性问题的检验结果

检验目的	检验方法	模型(1)		模型(2)		模型(3)		模型(4)		模型(5)		模型(6)		模型(7)		模型(8)	
		结果	说明	结果	说明	结果	说明	结果	说明	结果	说明	结果	说明	结果	说明	结果	说明
混合估计还是固定效应	F检验	F=5.33 P=0.00	选择固定效应	F=2.16 P=0.02	选择固定效应	F=7.96 P=0.01	选择固定效应	F=6.42 P=0.01	选择固定效应	F=10.57 P=0.00	选择固定效应	F=9.14 P=0.00	选择固定效应	F=7.96 P=0.01	选择固定效应	F=6.42 P=0.01	选择固定效应
混合估计还是随机效应估计	B－P检验	Chi2=5.84 P=0.02	选择随机效应	Chi2=5.22 P=0.02	选择随机效应	Chi2=4.37 P=0.02	选择随机效应	Chi2=7.44 P=0.01	选择随机效应	Chi2=152.2 P=0.00	选择随机效应	Chi2=132.0 P=0.00	选择随机效应	Chi2=4.37 P=0.02	选择随机效应	Chi2=7.44 P=0.01	选择随机效应
随机效应还是固定效应	Hausman检验	Chi2=43.84 P=0.01	选择固定效应	Chi2=108.3 P=0.00	选择固定效应	Chi2=28.97 P=0.01	选择固定效应	Chi2=76.1 P=0.00	选择固定效应	Chi2=26.44 P=0.012	选择固定效应	Chi2=39.49 P=0.01	选择固定效应	Chi2=28.97 P=0.01	选择固定效应	Chi2=76.1 P=0.00	选择固定效应
是否存在组间异方差	Wald检验	Chi2=30.52 P=0.000	存在异方差	Chi2=37.3 P=0.00	存在异方差	Chi2=42.83 P=0.000	存在异方差	Chi2=29.4 P=0.00	存在异方差	Chi2=38.84 P=0.00	存在异方差	Chi2=42.26 P=0.00	存在异方差	Chi2=42.83 P=0.000	存在异方差	Chi2=29.4 P=0.00	存在异方差
是否存在序列相关	Wooldridge检验	F=10.44 P=0.01	不存在单位根	F=10.76 P=0.02	不存在单位根	F=2.53 P=0.39	存在单位根	F=2.39 P=0.40	存在单位根	F=11.26 P=0.02	不存在单位根	F=11.87 P=0.04	不存在单位根	F=12.53 P=0.03	不存在单位根	F=12.39 P=0.03	不存在单位根
是否存在内生性问题	Davidson-MacKinnon	F=0.704 P=0.374	无内生性问题	F=0.849 P=0.274	无内生性问题	F=0.704 P=0.374	无内生性问题	F=0.849 P=0.274	无内生性问题	F=0.403 P=0.576	无内生性问题	F=0.584 P=0.487	无内生性问题	F=0.701 P=0.372	无内生性问题	F=0.844 P=0.273	无内生性问题
是否存在内生性问题	Hausman-Wu	F=0.043 P=0.836	无内生性问题	F=0.065 P=0.856	无内生性问题	F=0.043 P=0.836	无内生性问题	F=0.065 P=0.856	无内生性问题	F=0.041 P=0.833	无内生性问题	F=0.061 P=0.850	无内生性问题	F=0.042 P=0.829	无内生性问题	F=0.064 P=0.857	无内生性问题

续表

检验目的	检验方法	模型 (9) 结果	说明	模型 (10) 结果	说明	模型 (11) 结果	说明	模型 (12) 结果	说明	模型 (13) 结果	说明	模型 (14) 结果	说明	模型 (15) 结果	说明	模型 (16) 结果	说明
混合估计还是固定效应	F检验	F=7.79 P=0.00	选择固定效应	F=3.35 P=0.02	选择固定效应	F=3.67 P=0.00	选择固定效应	F=12.99 P=0.01	选择固定效应	F=13.01 P=0.01	选择固定效应	F=7.92 P=0.00	选择固定效应	F=16.99 P=0.00	选择固定效应	F=15.62 P=0.00	选择固定效应
混合估计还是随机估计	B-P检验	Chi2=14.28 P=0.00	选择随机效应	Chi2=7.29 P=0.01	选择随机效应	Chi2=7.33 P=0.01	选择随机效应	Chi2=17.42 P=0.00	选择随机效应	Chi2=17.44 P=0.00	选择随机效应	Chi2=62.70 P=0.00	选择随机效应	Chi2=9.47 P=0.00	选择随机效应	Chi2=10.26 P=0.00	选择随机效应
随机效应还是固定效应	Hausman检验	Chi2=134.4 P=0.000	选择固定效应	Chi2=96.88 P=0.00	选择固定效应	Chi2=96.32 P=0.01	选择固定效应	Chi2=28.97 P=0.00	选择固定效应	Chi2=29.11 P=0.00	选择固定效应	Chi2=59.41 P=0.00	选择固定效应	Chi2=8.74 P=0.00	选择固定效应	Chi2=7.33 P=0.00	选择固定效应
是否存在组间异方差	Wald检验	Chi2=93.86 P=0.000	存在异方差	Chi2=46.11 P=0.00	存在异方差	Chi2=48.24 P=0.00	存在异方差	Chi2=56.72 P=0.000	存在异方差	Chi2=56.81 P=0.00	存在异方差	Chi2=22.21 P=0.00	存在异方差	Chi2=32.77 P=0.000	存在异方差	Chi2=25.09 P=0.00	存在异方差
是否存在序列相关	Wooldridge检验	F=2.41 P=0.32	存在单位根	F=1.32 P=0.39	存在单位根	F=12.21 P=0.01	不存在单位根	F=9.43 P=0.00	不存在单位根	F=9.39 P=0.00	不存在单位根	F=11.87 P=0.00	不存在单位根	F=11.85 P=0.00	不存在单位根	F=11.57 P=0.00	不存在单位根
是否存在内生性问题	Davidson-MacKinnon	F=0.513 P=0.473	无内生性问题	F=0.483 P=0.583	无内生性问题	F=0.701 P=0.372	无内生性问题	F=0.844 P=0.273	无内生性问题	F=0.113 P=0.673	无内生性问题	F=0.273 P=0.758	无内生性问题	F=0.019 P=0.853	无内生性问题	F=0.283 P=0.762	无内生性问题
是否存在内生性问题	Hausman-Wu	F=0.023 P=0.943	无内生性问题	F=0.059 P=0.871	无内生性问题	F=0.042 P=0.829	无内生性问题	F=0.064 P=0.857	无内生性问题	F=0.074 P=0.893	无内生性问题	F=0.065 P=0.892	无内生性问题	F=0.102 P=0.473	无内生性问题	F=0.164 P=0.463	无内生性问题

表 2　我国零售业外商直接投资技术溢出效应影响因素实在分析的相关检验

检验目的	检验方法	模型(1) 结果	说明	模型(2) 结果	说明	模型(3) 结果	说明	模型(4) 结果	说明	模型(5) 结果	说明	模型(6) 结果	说明	模型(7) 结果	说明	模型(8) 结果	说明
混合估计还是固定效应	F检验	F=10.57 P=0.00	选择固定效应	F=9.14 P=0.00	选择固定效应	F=7.96 P=0.01	选择固定效应	F=6.42 P=0.01	选择固定效应	F=22.57 P=0.00	选择固定效应	F=32.56 P=0.00	选择固定效应	F=7.96 P=0.01	选择固定效应	F=6.42 P=0.01	选择固定效应
混合估计还是随机估计	B-P检验	Chi2=152.2 P=0.00	选择随机效应	Chi2=132.0 P=0.00	选择随机效应	Chi2=4.37 P=0.02	选择随机效应	Chi2=7.44 P=0.01	选择随机效应	Chi2=229.3 P=0.00	选择随机效应	Chi2=112.0 P=0.00	选择随机效应	Chi2=4.37 P=0.02	选择随机效应	Chi2=7.44 P=0.01	选择随机效应
随机效应还是固定效应	Hausman检验	Chi2=26.44 P=0.012	选择固定效应	Chi2=39.49 P=0.01	选择固定效应	Chi2=28.97 P=0.01	选择固定效应	Chi2=76.1 P=0.00	选择固定效应	Chi2=36.58 P=0.011	选择固定效应	Chi2=483.5 P=0.00	选择固定效应	Chi2=28.97 P=0.01	选择固定效应	Chi2=76.1 P=0.00	选择固定效应
是否存在组间异方差	Wald检验	Chi2=38.84 P=0.00	存在异方差	Chi2=42.26 P=0.00	存在异方差	Chi2=42.83 P=0.000	存在异方差	Chi2=29.4 P=0.00	存在异方差	Chi2=132.4 P=0.00	存在异方差	Chi2=74.34 P=0.00	存在异方差	Chi2=42.83 P=0.000	存在异方差	Chi2=29.4 P=0.00	存在异方差
是否存在序列相关	Woolridge检验	F=11.26 P=0.02	不存在单位根	F=11.87 P=0.04	不存在单位根	F=12.53 P=0.03	不存在单位根	F=12.39 P=0.03	不存在单位根	F=14.35 P=0.02	不存在单位根	F=184.3 P=0.04	不存在单位根	F=12.53 P=0.03	不存在单位根	F=12.39 P=0.03	不存在单位根
无内生问题	Davidson-MacKinnon	F=0.403 P=0.576	无内生性问题	F=0.584 P=0.487	无内生性问题	F=0.701 P=0.372	无内生性问题	F=0.844 P=0.273	无内生性问题	F=0.924 P=0.176	无内生性问题	F=0.984 P=0.183	无内生性问题	F=0.701 P=0.372	无内生性问题	F=0.844 P=0.273	无内生性问题
是否存在内生问题	Hausman-Wu检验	F=0.041 P=0.833	无内生问题	F=0.061 P=0.850	无内生问题	F=0.042 P=0.829	无内生问题	F=0.064 P=0.857	无内生问题	F=0.041 P=0.833	无内生问题	F=0.061 P=0.850	无内生问题	F=0.037 P=0.825	无内生问题	F=0.093 P=0.817	无内生问题

参 考 文 献

[1] Aitken B. J. , Harrison A. E. Do Domestic Firms Beneit from Direct Foreign Investment? Evidence from Venezoeli [J]. Mexico, Central, and South America: Economics, 2001, 89 (3): 605 –618.

[2] Alexander N. , Quinn B. , Cairns P. InternationalRetail Divestment Activity [J]. International Journal of Retail & Distribution Management, 2005, 33 (1): 5 –22.

[3] Arellano M. , Bond S. Some Tests of Specification for Panel Data: Monte Carlo Evidence and an Application to Employment Equations [J]. The Review of Economic Studies, 1991, 58 (2): 277 –297.

[4] Arellano M. , Bover O. Another Look at the Instrumental Variable Estimation of Error-Components Models [J]. Journal of Econometrics, 1995, 68 (1): 29 –51.

[5] Banga R. Do Productivity Spillovers from Japanese and US FDI Differ [C]. http: //hdl. handle. net/1885/40325, 2001.

[6] Baron R. M. , Kenny D. A. The Moderator-Mediator Variable Distinction in Social Psychological Research: Conceptual, Strategic, and Statistical Considerations [J]. Journal of personality and social psychology, 1986, 51 (6): 1173 – 1182.

[7] Barros C. P. , Alves C. A. Hypermarket Retail Store Efficiency in Portugal [J]. International Journal of Retail & Distribution Management, 2003, 31 (11): 549 –560.

[8] Basu P. , Chakraborty C. , Reagle D. Liberalization, FDI, and Growth in Developing Countries: a Panel Cointegration Approach [J]. Economic Inquiry, 2003, 41 (3): 510 –516.

[9] Basu S. , Fernald J. G. , Oulton N. The Case of the Missing Productivity

Growth, or does Information Technology Explain Why Productivity Accelerated in the United States but not in the United Kingdom? [J]. NBER Macroeconomics Annual, 2003, 18: 9 – 63.

[10] Basu S. , Fernald J. G. , Shapiro M. D. Productivity Growth in the 1990s: Technology, Utilization, or Adjustment? [J]. Carnegie-Rochester Conference Series on Public Policy, 2001, 55 (1): 117 – 165.

[11] Baumol W. J. Macroeconomics of Unbalanced Growth: the Anatomy of UrbanCrisis [J]. The American Economic Review, 1967, 57 (3): 415 – 426.

[12] Bennett D. , Liu X. , Parker D. , Steward F. , Vaidya K. Technology Transfer to China: a Study of Strategy in 20 EU Industrial Companies [J]. International Journal of Technology Management, 2001, 21 (1): 151 – 182.

[13] Bevan A. A. , Estrin S. The Determinants of Foreign Direct Investment into European Transition Economies [J]. Journal of Comparative Economics, 2004, 32 (4): 775 – 787.

[14] Blomström M. Foreign Investment and Productive Efficiency: the Case of Mexico [J]. The Journal of Industrial Economics, 1986, 35 (1): 97 – 110.

[15] Blomström M. , Kokko A. Multinational Corporations and Spillovers [J]. Journal of Economic Surveys, 1998, 12 (3): 247 – 277.

[16] Blomström M. , Persson H. Foreign Investment and Spillover Efficiency in an Underdeveloped Economy: Evidence from the Mexican Manufacturing Industry [J]. World Development, 1983, 11 (6): 493 – 501.

[17] Blomström M. , Sjöholm F. Technology Transfer and Spillovers: Does Local Participation with Multinationals Matter? [J]. European Economic Review, 1999, 43 (4): 915 – 923.

[18] Blomstrom M. , Wolff E. N. Multinational Corporations and Productivity Convergence in Mexico [Z]. National Bureau of Economic Research, 1994: 1 – 34.

[19] Bloom G. F. Productivity in the Food Industry: Problems and Potential [M]. MIT Press Cambridge, MA, 1972.

[20] Blundell R. , Bond S. Initial Conditions and Moment Restrictions in Dynamic Panel Data Models [J]. Journal of Econometrics, 1998, 87 (1): 115 – 143.

[21] Boddewyn J. J. , Halbrich M. B. , Perry A. Service Multinationals: Conceptualization, Measurement and Theory [J]. Journal of International Business Studies, 1986, 17 (3): 41 - 57.

[22] Brian A. , Harrison A. E. Do Domestic Firms Benefit from Direct Foreign Investment? [J]. American Economic Review, 1999, 89 (3): 605 - 618.

[23] Buckley P. J. , Casson M. The future of the Multinational Enterprise [M]. Macmillan London, 1976.

[24] Bucklin L. Productivity in Marketing [M]. American Marketing Association, Chicago, IL, 1978.

[25] Bush R. P. , Bush A. J. , Ortinau D. J. , Hair J. F. Developing a Behavior-Based Scale to Assess Retail Salesperson Performance [J]. Journal of Retailing, 1990, 66 (1): 119 - 136.

[26] Cantwell J. Technological Innovation and Multinational Corporations [M]. 1989.

[27] Carlsson B. The Measurement of Efficiency in Production: A Reply [J]. The Swedish Journal of Economics, 1974, 74 (4): 255 - 258.

[28] Carr D. L. , Markusen J. R. , Maskus K. E. Estimating the Knowledge-Capital Model of the Multinational Enterprise [Z]. National Bureau of Economic Research, 1998.

[29] Casson M. The Entrepreneur: An Economic Theory [M]. Rowman & Littlefield, 1982.

[30] Caves R. E. International Corporations: The Industrial Economics of Foreign Investment [J]. Economica, 1971, 38 (149): 1 - 27.

[31] Caves R. E. Multinational Firms, Competition, and Productivity in Host-Country markets [J]. Economica, 1974, 41 (162): 176 - 193.

[32] Charnes A. , Cooper W. W. , Rhodes E. Measuring the Efficiency of Decision Making Units [J]. European Journal of Operational Research, 1978, 2 (6): 429 - 444.

[33] Choi S. C. , Dawson J. , Larke R. , Mukoyama M. The Internationalisation of Retailing in Asia [M]. Routledge, 2002.

[34] Currah A. , Wrigley N. Networks of Organizational Learning and Adaptation in Retail TNCs [J]. Global Networks, 2004, 4 (1): 1 - 23.

[35] De Gregorio J. Economic Growth in Latin America [J]. Journal of Development Economics, 1992, 39 (1): 59 – 84.

[36] Deardorff A. V. Comparative Advantage and International Trade and Investment in Services [M]. Fishman-Davidson Center for the Study of the Service Sector, the Wharton School, University of Pennsylvania, 1985.

[37] Dearing B. The Strategic Benefits of EDI [J]. Journal of Business Strategy, 1990, 11 (1): 4 – 6.

[38] Denison E. F. Accounting for United States Economic Growth, 1929 – 1969 [M]. Washington D. C. , Brookings, 1974.

[39] Denison E. F. Explanations of Declining Productivity Growth [M]. The Brookings Institution, 1979.

[40] Department S. , Staff S. D. Balance of Payments Manual [M]. International Monetary Fund, 2004.

[41] Doms M. E. , Jarmin R. S. , Klimek S. D. Information Technology Investment and Firm Performance in US Retail Trade [J]. Economics of Innovation and New Technology, 2004, 13 (7): 595 – 613.

[42] Donthu N. , Yoo B. Retail Productivity Assessment Using Data Envelopment Analysis [J]. Journal of Retailing, 1998, 74 (1): 89 – 105.

[43] Driscoll J. C. , Kraay A. C. Consistent Covariance Matrix Estimation with Spatially Dependent Panel Data [J]. Review of Economics and Statistics, 1998, 80 (4): 549 – 560.

[44] Du L. , Harrison A. , Jefferson G. Do Institutions Matter for FDI Spillovers? The Implications of China's "Special Characteristics" [Z]. National Bureau of Economic Research, 2011.

[45] Dubelaar C. , Bhargava M. , Ferrarin D. Measuring Retail Productivity: What Really Matters? [J]. Journal of Business Research, 2002, 55 (5): 417 – 426.

[46] Dunning J. The Eclectic Paradigm of International Production: a Restatement and some Possible Extensions [J]. Journal of International Business Studies, 1988, 19 (1): 1 – 31.

[47] Dunning J. Re-evaluating the Benefits of Foreign Direct Investment [J]. Transnational Corporations, 1994, 3 (1): 23 – 51.

［48］ Dunning J. H. Multinational Enterprises and the Global Economy ［M］. Addison-Welsley Publishing Company, 1993.

［49］ Dunning J. H. Trade, Location of Economic Activity and the Multinational Enterprise: a Search for an Eclectic Approach ［J］. PJ Buckley & P Ghauri The Internationalization of the Firm, 1999: 61 – 79.

［50］ Dunning J. H. , Cantwell J. IRM Directory of Statistics of International Investment and Production ［M］. Macmillan Reference, 1987.

［51］ Enderwick P. Some Economics of Service-sector Multinational Enterprises ［M］. Routledge, London, 1989.

［52］ Engle R. F. , Granger C. W. Co-integration and Error Correction: Representation, Estimation, and Testing ［J］. Econometrica: Journal of the Econometric Society, 1987, 55 (2): 251 – 276.

［53］ Ericsson J. , Irandoust M. On the Causality Between Foreign Direct Investment and Output: A Comparative Study ［J］. Journal of International Economics, 2001, 15 (1): 1 – 26.

［54］ Esteban A. , Matea MdlL. Transformaciones Estructurales, Precios y márgenes en El Sector de Distribución Al Por Menor de Alimentos ［J］. Boletín Económico Banco de España, 2003, 6 (6): 51 – 61.

［55］ Färe R. , Grosskopf S. , Norris M. , Zhang Z. Productivity Growth, Technical Progress, and Efficiency Change in Industrialized Countries ［J］. The American Economic Review, 1994, 84 (1): 66 – 83.

［56］ Feder G. On Exports and Economic Growth ［J］. Journal of Development Economics, 1983, 12 (1): 59 – 73.

［57］ Findlay R. Relative Backwardness, Direct Foreign Investment, and the Transfer of Technology: a Simple Dynamic Model ［J］. The Quarterly Journal of Economics, 1978, 92 (1): 1 – 16.

［58］ Fosfuri A. , Motta M. , Rønde T. Foreign Direct Investment and Spillovers through Workers' Mobility ［J］. Journal of International Economics, 2001, 53 (1): 205 – 222.

［59］ Fuchs V. R. The Service Economy ［Z］. NBER Books, 1968.

［60］ Fund I. M. Balance of Payments Manual ［M］. International Monetary Fund, 2010.

[61] George K. D. , Ward T. Productivity Growth in the Retail Trade [J]. Oxford Bulletin of Economics and Statistics, 1973, 35 (1): 31 –47.

[62] Geyskens I. , Steenkamp J-BE. Economic and Social Satisfaction: Measurement and Relevance to Marketing Channel Relationships [J]. Journal of Retailing, 2000, 76 (1): 11 –32.

[63] Ghauri P. N. , Buckley P. J. The Global Challenge for Multinational Enterprises: Managing Increasing Interdependence [M]. Pergamon, 1999.

[64] Girma S. Absorptive Capacity and Productivity Spillovers from FDI: A Threshold Regression a Analysis [J]. Oxford Bulletin of Economics and Statistics, 2005, 67 (3): 281 –306.

[65] Girma S. , Gong Y. FDI, Linkages and the Efficiency of State-Owned Enterprises in China [J]. The Journal of Development Studies, 2008, 44 (5): 728 –749.

[66] Girma S. , Greenaway D. , Wakelin K. Who Benefits from Foreign Direct Investment in the UK? [J]. Scottish Journal of Political Economy, 2001, 48 (2): 119 –133.

[67] Girma S. , Yu Z. The Link between Immigration and Trade: Evidence from the United Kingdom [J]. Weltwirtschaftliches Archiv, 2002, 138 (1): 115 –130.

[68] Globerman S. Foreign Direct Investment and Spillover Efficiency Benefits in Canadian Manufacturing Industries [J]. Canadian Journal of Economics, 1979, 12 (1): 42 –56.

[69] Goldman A. Evaluating the Performance of the Japanese Distribution-System [J]. Journal of Retailing, 1992, 68 (1): 11 –39.

[70] Goldsmith R. W. A Perpetual Inventory of National Wealth [Z]. Studies in Income and Wealth, 1951 (14): 5 –74.

[71] Good W. Productivity in the Retail Grocery Trade [J]. Journal of Retailing, 1984, 60 (3): 81 –97.

[72] Gorg H. , Hijzen A. Multinationals and Productivity Spillovers [Z]. University of Nottingham Research Paper, 2005 (2004/41).

[73] Gouyette C. , Perelman S. Productivity Convergence in OECD Service Industries [J]. Structural Change and Economic Dynamics, 1997, 8 (3): 279 –

295.

［74］Granger C. W. Investigating Causal Relations by Econometric Models and Cross-Spectral Methods ［J］. Econometrica: Journal of the Econometric Society, 1969, 37 (3): 424 –438.

［75］Grönroos C., Ojasalo K. Service Productivity: towards a Conceptualization of the Transformation of Inputs into Economic Results in Services ［J］. Journal of Business Research, 2004, 57 (4): 414 –423.

［76］Haddad M., Harrison A. Are There Positive Spillovers from Direct Foreign Investment?: Evidence from Panel Data for Morocco ［J］. Journal of Development Economics, 1993, 42 (1): 51 –74.

［77］Hall M., Knapp J., Winsten C. Distribution in Great Britain and North America: A study in Structure and Productivity ［M］. Oxford University Press London, 1961.

［78］Haskel J. E., Slaughter M. J. Does the Sector Bias of Skill-biased Technical Change Explain Changing Skill Premia? ［J］. European Economic Review, 2002, 46 (10): 1757 –1783.

［79］Holtz-Eakin D. Public-Sector Capital and the Productivity Puzzle ［Z］. National Bureau of Economic Research, 1992.

［80］Hu A. G., Jefferson G. H. FDI Impact and Spillover: Evidence from China's Electronic and Textile Industries ［J］. The World Economy, 2002, 25 (8): 1063 –1076.

［81］Huang J-T. Comparison between Spillovers from Different Sources of FDI on the Chinese Manufacturing Sector ［Z］. The International Center for the Study of East Asian Development, Kitakyushu, National Chenchi University Working Paper Series, 2004: 29.

［82］Hymer S. The International Operations of National Firms: A Study of Direct Foreign Investment ［M］. MIT Press Cambridge, MA, 1976.

［83］Im K. S., Pesaran M. H., Y. Shin. Testing for Unit Roots in Heterogeneous Panels ［J］. Cambridge: University of Cambridge, 2003, 11 (1): 53 –74.

［84］Imbriani C., Reganati F. International Efficiency Spillovers into the Italian Manufacturing Sector ［J］. Economia Internazionale, 1997, 50: 583 –595.

[85] Ingene C. A. Labor Productivity in Retailing [J]. The Journal of Marketing, 1982, 46 (4): 75 – 90.

[86] Javorcik B. S., Saggi K., Spatareanu M. Does it Matter Where you Come from? Vertical Spillovers from Foreign Direct Investment and the Nationality of Investors [Z]. 2004.

[87] Jimenez-Martinez J., Polo-Redondo Y. International Diffusion of a New Tool: the Case of Electronic Data Interchange (EDI) in the Retailing Sector [J]. Research Policy, 1998, 26 (7): 811 – 827.

[88] Jonsson A., Elg U. Knowledge and Knowledge Sharing in Retail Internationalization: IKEA's Entry into Russia [J]. International Review of Retail, Distribution and Consumer Research, 2006, 16 (2): 239 – 256.

[89] Kacker M. International Flow of Retailing Know-how-bridging the Technology Gap in Distribution [J]. Journal of Retailing, 1988, 64 (1): 41 – 67.

[90] Kacker M. P., Kacker M. TransatlanticTrends in Retailing: Takeovers and Flow of Know-how [M]. Quorum Books Westport, CT, 1985.

[91] Kamakura W. A., Lenartowicz T., Ratchford B. T. Productivity Assessment of Multiple Retail Outlets [J]. Journal of Retailing, 1997, 72 (4): 333 – 356.

[92] Keh H. T., Chu S. Retail Productivity and Scale Economies at the Firm Level: a DEA Approach [J]. Omega, 2003, 31 (2): 75 – 82.

[93] Kehoe T. J., Levine D. K., Romer P. M. Determinacy of Equilibria in Dynamic Models with Finitely Many Consumers [J]. Journal of Economic Theory, 1990, 50 (1): 1 – 21.

[94] Keller W. International Technology Diffusion [J]. Journal of Economic Literature, 2004, 42 (3): 752 – 782.

[95] Kindleberger C. P. American Business Abroad [J]. The International Executive, 1969, 11 (2): 11 – 12.

[96] Klassen K. J., Russell R. M., Chrisman J. J. Efficiency and Productivity Measures for High Contact Services [J]. Service Industries Journal, 1998, 18 (4): 1 – 18.

[97] Kokko A. Technology, Market Characteristics, and Spillovers [J]. Journal of Development Economics, 1994, 43 (2): 279 – 293.

[98] Kokko A. Productivity Spillovers from Competition between Local Firms and Foreign Affiliates [J]. Journal of International Development, 1996, 8 (4): 517 – 530.

[99] Kokko A. , Blomström M. Policies to Encourage Inflows of Technology through Foreign Multinationals [J]. World Development, 1995, 23 (3): 459 – 468.

[100] Konopa L. J. Analysis of some Change in Retailing Pruductivity between 1948 and 1963 [J]. Journal of Retailing, 1968, 44 (3): 57 – 67.

[101] Kugler M. Spillovers from Foreign Direct Investment: within or between Industries? [J]. Journal of Development Economics, 2006, 80 (2): 444 – 477.

[102] Liu X. , Siler P. , Wang C. , Wei Y. Productivity Spillovers from Foreign Direct Investment: Evidence from UK Industry Level Panel Data [J]. Journal of International Business Studies, 2000, 31 (3): 407 – 425.

[103] Lusch R. F. , Moon S. Y. An Exploratory Analysis of the Correlates of Labor Productivity in Retailing [J]. Journal of Retailing, 1984, 60 (3): 37 – 61.

[104] MacDougall G. D. A. The Benefits and Costs of Private Investment from Abroad: a Theoretical Approach [J]. Bulletin of the Oxford University Institute of Economics & Statistics, 1960, 22 (3): 189 – 211.

[105] Mahadevan R. Sources of Output Growth in Singapore's Services Sector [J]. Empirical Economics, 2000, 25 (3): 495 – 506.

[106] Malinvaud E. , Joseph E. Stiglitz. A Framework for a Development Strategy in a Market Economy [J]. Development Strategy and Management of Market Economy, 1997.

[107] Markusen J. R. Trade in Producer Services and in Other Specialized Intermediate Inputs [J]. American Economic Review, 1989, 79 (1): 85 – 95.

[108] Marshall A. Principles of Economics [M]. First Edition, London, England, 1890.

[109] Matthews K. , Zhang N. X. Bank Productivity in China 1997 – 2007: Measurement and Convergence [J]. China Economic Review, 2010, 21 (4): 617 – 628.

[110] McLaughlin C. P. , Coffey S. Measuring Productivity in Services [J].

International Journal of Service Industry Management, 1990, 1 (1): 46 – 64.

[111] Moreno J. D. Efficiency and Regulation in Spanish Hypermarket Retail Trade: A Cross-section Approach [J]. International Journal of Retail and Distribution Management, 2008, 36 (1): 71.

[112] Newey W. K. , West K. D. Automatic Lag Selection in Covariance Matrix Estimation [J]. The Review of Economic Studies, 1994, 61 (4): 631 – 653.

[113] Nooteboom B. Productivity Growth in the Grocery Trade [J]. Applied Economics, 1983, 15 (5): 649 – 664.

[114] O'Mahony M. , de Boer W. Britain's Relative Productivity Performance: Updates to 1999 [J]. National Institute of Economic and Social Research, 2002, 2.

[115] Oi W. Y. Productivity in the Distributive Trades: the Shopper and the Economies of Massed Reserves [Z]. National Bureau of Economic Research, 1992, 161 – 193.

[116] Oulton N. Must the Growth Rate Decline? Baumol's Unbalanced Growth Revisited [J]. Oxford Economic Papers, 2001, 53 (4): 605 – 627.

[117] Papaconstantinou G. Technology and Industrial Performance [J]. OECD Observer, 1997, 204 (6): 1.

[118] Perrigot R. , Barros C. P. Technical Efficiency of French Retailers [J]. Journal of Retailing and Consumer Services, 2008, 15 (4): 296 – 305.

[119] Pigou A. C. The Economics of Welfare [M]. Cosimo, Inc. , 2006.

[120] Pissarides C. A. , Vallanti G. The Impact of TFP Growth on Steady-State Unemployment [J]. International Economic Review, 2007, 48 (2): 607 – 640.

[121] Rahman L. , Islam M. E. , Islam S. R. U. An Empirical Study on the Foreign Direct Investment Climate in Bangladesh: Applicability of the Purchasing Power Parity Theory and International Fisher Effect [Z]. Department of Banking Faculty of Business Studies University of Dhaka, 1993.

[122] Rao D. Prasada, Tim J. Coelli. A Cross-Country Analysis of GDP Growth, Catch-Up and Convergence in Productivity, and Inequality [N]. CEPA Working Paper 5/98, University of New England, Armidale, Australia, 1998.

[123] Ratchford B. T. Has the Productivity of Retail Food Stores Really De-

clined? [J]. Journal of Retailing, 2003, 79 (3): 171 – 182.

[124] Ratchford B. T. , Brown J. R. A Study of Productivity Changes in Food Retailing [J]. Marketing Science, 1985, 4 (4): 292 – 311.

[125] Ratchford B. T. , Stoops G. T. A Model and Measurement Approach for Studying Retail Productivity [J]. Journal of Retailing, 1988, 64 (3): 241 – 263.

[126] Romer P. M. Increasing Returns and Long-run Growth [J]. The Journal of Political Economy, 1986, 94 (5): 1002 – 1037.

[127] Rubenstein K. , Schultz J. Bringing Law and Order to International Trade: Administrative Law Principles and the GATT/WTO [J]. St John's Journal of Legal Commentary, 1996, 11 (12): 271.

[128] Sa'nchez, Luque. El Intercambio Electronnco D. Evolución del uso del EDI en el Sector de la Distribución Comercial en España [Z]. 2001.

[129] Saggi K. Trade, Foreign Direct Investment, and International Technology Transfer: A Survey [J]. The World Bank Research Observer, 2002, 17 (2): 191 – 235.

[130] Salomon M. Philiph. , D. Patch, M. D. , Vernon. Handbook of Psychiatry, 2nd Edition [M]. 1971.

[131] Sellers-Rubio R. , Mas-Ruiz F. An Empirical Analysis of Productivity Growth in Retail Services: Evidence from Spain [J]. International Journal of Service Industry Management, 2007, 18 (1): 52 – 69.

[132] Shan J. A VAR Approach to the Economics of FDI in China [J]. Applied Economics, 2002, 34 (7): 885 – 893.

[133] Shaw G. , Alexander A. InterlockingDirectorates and the Knowledge Ttransfer of Supermarket Retail Techniques from North America to Britain [J]. Int Rev of Retail, Distribution and Consumer Research, 2006, 16 (3): 375 – 394.

[134] Sims C. A. Macroeconomics and Reality [J]. Econometrica, 1980, 48: 1 – 48.

[135] Solow R. M. Technical Change and the Aggregate Production Function [J]. The Review of Economics and Statistics, 1957, 39 (3): 312 – 320.

[136] Stern L. W. , Ansary A. I. , Coughlan A. T. Marketing Channels [M]. Prentice Hall Upper Saddle River, NJ, 1996.

[137] Stopford J. M. , Wells L. T. Managing the Multinational Enterprise: Organization of the Firm and Ownership of the Subsidiaries [M]. Basic Books New York, 1972.

[138] Teece D. J. Technology Transfer by Multinational Firms: the Resource Cost of Transferring Technological Know-how [M]. Essays in Technology Management and Policy: Selected Papers of David J Teece, 2003: 262.

[139] Thomas R. R. , Barr R. S. , Cron W. L. , Slocum Jr J. W. A Process for Evaluating Retail Store Efficiency: a Restricted DEA Approach [J]. International Journal of Research in Marketing, 1998, 15 (5): 487 – 503.

[140] Triplett J. E. Economic Statistics, the New Economy and the Productivity Slowdown [J]. Business Economics, 1999, 3492: 13 – 17.

[141] Triplett J. E. , Bosworth B. P. Baumol's Disease'has been Cured: IT and Multifactor Productivity in US Services Industries [M]. The New Economy and Beyond: Past, Present, and Future, 2006: 34 – 71.

[142] UNCTAD G. World Investment Report. Transnational Corporations and the Internationalization of R & D [Z]. UCTAD Geneva, 2005.

[143] Uzawa H. Optimum Technical Change in an Aggregative Model of Economic Growth [J]. International Economic Review, 1965, 6 (1): 18 – 31.

[144] Van Biema M. , Greenwald B. Managing our Way to Higher Service-sector Productivity [J]. Harvard Business Review, 1997, 75 (4): 87 – 97.

[145] van Dalen J. , Koerts J. , Thurik A. R. The Measurement of Labour Productivity in Wholesaling [J]. International Journal of Research in Marketing, 1990, 7 (1): 21 – 34.

[146] Van der Marel E. Trade in Services and TFP: the Rle of Regulation [J]. The World Economy, 2012, 35 (11): 1530 – 1558.

[147] Vernon R. International Investment and International Trade in the Product Cycle [J]. The International Executive, 1966.

[148] Waldkirch A. The Effects of Foreign Direct Investment in Mexico since NAFTA [J]. The World Economy, 2010, 33 (5): 710 – 745.

[149] Waldorf W. H. Labor Productivity in Food Wholesaling and Retailing, 1929 – 1958 [J]. The Review of Economics and Statistics, 1966: 88 – 93.

[150] Wang J-Y, Blomström M. Foreign Investment and Technology Transfer:

A Simple Model [J]. European Economic Review, 1992, 36 (1): 137 – 155.

[151] Westerlund J. Testing for Error Correction in Panel Data [J]. Oxford Bulletin of Economics and Statistics, 2007, 69 (6): 709 – 748.

[152] Wolff E. N. The Productivity Paradox: Evidence from Indirect Indicators of Service Sector Productivity Growth [J]. Canadian Journal of Economics, 1999, 32 (2): 281 – 308.

[153] Wooldridge J. M. Econometric Analysis of Cross Section and Panel Data [M]. MIT Press, 2010.

[154] 查冬兰, 吴晓兰. 服务业外国直接投资对服务业各行业经济增长的影响分析——以江苏省为例 [J]. 国际贸易问题, 2006 (11): 77 – 81.

[155] 查贵勇. 中国服务业吸引 FDI 溢出效应分析 [J]. 国际经贸探索, 2007, 23 (5): 63 – 66.

[156] 查贵勇. 中国服务业 FDI 溢出效应影响因素分析——基于连乘变量的分析 [J]. 生产力研究, 2009 (22): 181 – 183.

[157] 陈福中, 刘向东. 开放经济条件下外资进入对中国流通企业的影响——基于批发和零售企业省级面板数据的实证考察. 贸易经济, 2013 (6): 22 – 29.

[158] 陈涛涛. 影响中国外商直接投资溢出效应的行业特征 [J]. 中国社会科学, 2003, 4 (3): 33 – 44.

[159] 程大中. 中国服务业的增长与技术进步 [J]. 世界经济, 2003, 7: 35 – 42.

[160] 戴枫. 中国服务业发展与外商直接投资关系的实证研究 [J]. 国际贸易问题, 2005 (3): 64 – 70.

[161] 方虹, 冯哲, 彭博. 中国零售上市公司技术进步的实证分析 [J]. 中国零售研究, 2009 (1): 57 – 66.

[162] 高山行, 李亚辉, 徐凯. 跨国公司技术溢出影响因素的实证研究 [J]. 研究与发展管理, 2007 (5): 8 – 15.

[163] 谷彬. 中国服务业技术效率测算与影响因素实证研究——来自历史数据修订的史实证据 [J]. 统计研究, 2009 (8): 63 – 70.

[164] 顾乃华. 1992 – 2002 年我国服务业增长效率的实证分析 [J]. 财贸经济, 2005 (4): 85 – 90.

[165] 顾乃华. 我国服务业发展的效率特征及其影响因素——基于 DEA

方法的实证研究 [J]. 财贸研究, 2008 (4): 60 – 67.

[166] 顾乃华, 李江帆. 中国服务业技术效率区域差异的实证分析 [J]. 经济研究, 2006 (1): 46 – 56.

[167] 郭克莎. 三次产业增长因素及其变动特点分析 [J]. 经济研究, 1992 (2): 51 – 61.

[168] 郭克莎. 中国: 改革中的经济增长与结构变动 [M]. 上海: 上海人民出版社, 1996.

[169] 何洁. 外国直接投资对中国工业部门外溢效应的进一步精确量化 [J]. 世界经济, 2000 (12): 29 – 36.

[170] 胡朝霞. FDI 对中国服务业全要素生产率的影响——基于随机前沿面板数据模型的分析 [J]. 厦门大学学报 (哲学社会科学版), 2010 (4): 115 – 122.

[171] 胡春燕. FDI 与我国零售业市场集中效应分析 [J]. 商业时代, 2006 (12): 30 – 31.

[172] 黄国雄. 论流通产业是基础产业 [J]. 财贸经济, 2005 (4): 61 – 65.

[173] 黄国雄. 十年风雨路 十年创业情——谈入世十年中国零售业的发展 [J]. 中国商贸, 2012 (12): 7 – 9.

[174] 黄国雄. 流通效益是社会效益 流通实现是社会价值的实现 [J]. 北京工商大学学报 (社会科学版), 2013 (1): 1 – 4.

[175] 黄国雄, 裴亮, 洪涛, 陈立平, 吴坚忠, 祖国丹. 激辩: 零售业开放是否过度 [J]. 中国商贸, 2012 (9): 8 – 16.

[176] 黄漫宇. 中国零售业 FDI 技术外溢效应的测算——基于省际面板数据的实证分析 [J]. 宏观经济研究, 2013 (2): 56 – 60.

[177] 纪宝成. 关于对我国产业安全若干问题的看法 [J]. 经济前沿, 2006 (10): 4 – 7.

[178] 纪宝成. 正确认识和解决我国产业安全问题 [J]. 中国国情国力, 2009 (10): 4 – 6.

[179] 纪宝成, 李陈华. 对中国流通产业安全的几点认识 [J]. 经济理论与经济管理, 2012 (1): 5 – 9.

[180] 纪宝成, 李陈华. 我国流通产业安全: 现实背景、概念辨析与政策思路 [J]. 财贸经济, 2012 (9): 5 – 13.

［181］江小涓．利用外资领域的理论研究［J］．经济学动态，2001（3）：36－41．

［182］姜建平，赵伊川．SFDI 与中国服务业增长关系的实证分析［J］．国际贸易问题，2007（4）：106－109．

［183］李成刚．FDI 对我国技术创新的溢出效应研究［M］．杭州：浙江大学出版社，2011．

［184］李骏阳，余鹏．对我国流通效率的实证分析［J］．商业经济与管理，2009（11）：14－20．

［185］李立新，金润圭．在华外商不同来源体 FDI 区位因素比较分析［J］．中国软科学，2002（7）：89－94．

［186］李铁立．外商直接投资技术溢出效应差异的实证分析［J］．财贸经济，2006（4）：13－18．

［187］凌继全．技术效率、技术进步与中国服务业全要素生产率——基于细分行业面板数据的实证研究［J］．中国商贸，2012（28）：241－242．

［188］刘向东，张小军，石明明．中国流通产业增长方式的转型——基于流通增长方式转换模型的实证分析［J］．管理世界，2009（2）：167－169．

［189］刘兴凯．中国服务业全要素生产率阶段性及区域性变动特点分析——基于 1978－2007 年省际面板数据的研究［J］．当代财经，2009（12）：80－87．

［190］刘兴凯，张诚．中国服务业全要素生产率增长及其收敛分析［J］．数量经济技术经济研究，2010（3）：55－67．

［191］刘艳．服务业 FDI 的技术溢出与中国服务业生产率增长［J］．国际商务研究，2012（1）：20－29．

［192］刘勇，汪旭晖．对全国 30 个地区零售行业效率的分析［J］．统计与决策，2007（18）：75－77．

［193］吕秀萍．中国保险业全要素生产率变动的 Malmquist 指数分析——一个新的视角［J］．保险研究，2009（9）：42－51．

［194］马龙龙．生产性服务业与地区经济增长——基于调节效应的影响因素及其有效性研究［J］．经济理论与经济管理，2011（4）：55－63．

［195］马歇尔（Marshall A）著．经济学原理［M］．朱志泰，陈良璧译．北京：商务印书馆，1965．

［196］孟亮，宣国良．不同来源 FDI 在华技术溢出效应实证研究［J］．

科研管理，2005（5）：115 - 120.

　　［197］欧阳光. FDI 对我国服务业发展影响的实证研究 ［D］. 湖南大学，2010.

　　［198］宋则. 充分发挥商贸流通业稳定物价的功能作用 ［J］. 中国流通经济，2011（9）：11 - 15.

　　［199］宋则. "入世" 十年：零售业对外开放初步考察 ［J］. 中国流通经济，2012（3）：45 - 50.

　　［200］宋则，常东亮，丁宁. 流通业影响力与制造业结构调整 ［J］. 中国工业经济，2010（8）：5 - 14.

　　［201］唐宜红，王林. 我国服务业外商直接投资的决定因素分析——基于行业面板数据的实证检验 ［J］. 世界经济研究，2012（10）：75 - 80.

　　［202］汪旭晖，万丛颖. 零售业上市公司生产率增长、技术进步与效率变化——基于 Malmquist 指数的分析 ［J］. 经济管理，2009（5）：43 - 47.

　　［203］汪旭晖，杨东星. 我国流通服务业 FDI 溢出效应及其影响因素——基于省际面板数据的实证检验 ［J］. 宏观经济研究，2011（6）：39 - 45.

　　［204］王荣艳. 外商直接投资来源国差异对我国技术溢出效应的影响 ［J］. 现代财经（天津财经大学学报），2008（4）：24 - 28.

　　［205］王恕立，胡宗彪. 中国服务业分行业生产率变迁及异质性考察 ［J］. 经济研究，2012（4）：15 - 27.

　　［206］王晓东. 完善我国市场流通体系的宏观思考 ［J］. 商业经济与管理，2012（3）：5 - 10.

　　［207］王晓东，谢莉娟. 论流通产业结构调整与就业增长——基于中部地区流通业对就业吸纳的贡献分析 ［J］. 财贸经济，2010（2）：98 - 103.

　　［208］王新华. 我国服务业外商直接投资的经济增长效应——基于 9 个行业面板数据的实证研究 ［J］. 国际贸易问题，2007（9）：70 - 73.

　　［209］肖海兰. FDI 对我国中部地区现代服务业影响的实证研究 ［D］. 武汉理工大学，2008.

　　［210］徐宏毅，欧阳明德. 中国服务业生产率的实证研究 ［J］. 工业工程与管理，2004（5）：73 - 76.

　　［211］杨青青，苏秦，尹琳琳. 我国服务业生产率及其影响因素分析——基于随机前沿生产函数的实证研究 ［J］. 数量经济技术经济研究，2009（12）：

46 – 57.

[212] 杨向阳，徐翔. 中国服务业全要素生产率增长的实证分析 [J]. 经济学家，2006（3）：68 – 76.

[213] 杨勇. 中国服务业全要素生产率再测算 [J]. 世界经济，2008 (10)：46 – 55.

[214] 尤建新，陈江宁. 基于 DEA 方法的零售企业经营效率的分析 [J]. 上海管理科学，2007（3）：17 – 19.

[215] 袁芳. 外商直接投资与广东服务业发展的关系研究 [D]. 暨南大学，2007.

[216] 原毅军，刘浩，白楠. 中国生产性服务业全要素生产率测度—— 基于非参数 Malmquist 指数方法的研究 [J]. 中国软科学，2009（1）：159 – 167.

[217] 张建华，欧阳轶雯. 外商直接投资，技术外溢与经济增长 [J]. 经济学（季刊），2003，2（3）：645 – 665.

[218] 张军，金煜. 中国的金融深化和生产率关系的再检测：1987 – 2001 [J]. 经济研究，2005（11）：34 – 45.

[219] 张立. 中国零售业发展模式与战略研究 [D]. 湘潭大学，2002.

[220] 张自然. 中国生产性服务业 TFP 变动分解 [J]. 贵州财经学院学报，2008（2）：34 – 39.

[221] 章迪平. 流通业发展方式转变实证研究——以浙江省为例 [J]. 商业经济与管理，2008（8）：22 – 28.

[222] 章迪平，孙敬水. 中国商品流通业市场结构与绩效实证研究 [J]. 价格月刊，2009（5）：3 – 5.

[223] 赵志耘，杨朝峰. 中国全要素生产率的测算与解释：1979 – 2009 年 [J]. 财经问题研究，2011（9）：3 – 12.

[224] 中国社会科学院财经战略研究院课题组，宋则. 我国商贸流通服务业战略研究 [J]. 经济研究参考，2012（32）：3 – 48.

[225] 钟晓君. 服务业 FDI 对我国服务业增长效应研究 [J]. 技术经济与管理研究，2009（4）：92 – 95.

[226] 周慧. 不同来源地 FDI 对中国价格贸易条件的影响研究 [J]. 黑龙江对外经贸，2011（3）：33 – 34.

[227] 周文博，樊秀峰，韩亚峰. 服务业 FDI 技术溢出与服务业全要素

生产率增长——理论分析和基于中国的实证检验［J］．华东经济管理，2013（6）：92 – 97.

　　［228］祝波，洪忆凯．零售业 FDI 溢出效应的主要体现［J］．上海企业，2005（10）：65 – 67.

　　［229］祝波，朱连庆．零售业 FDI 外部效应的阶段性及对应策略［J］．上海商业，2006（10）：22 – 25.